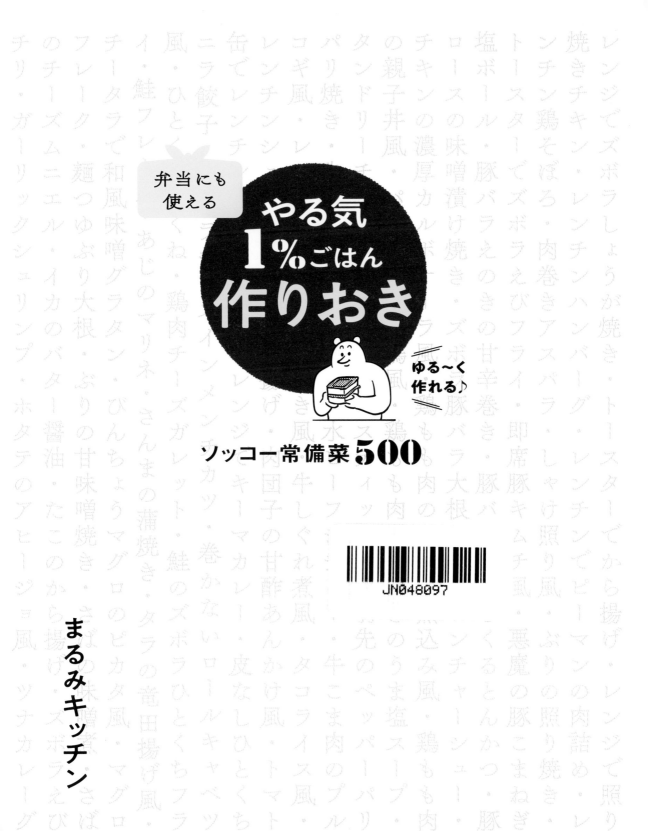

弁当にも
使える

やる気1%ごはん 作りおき

ソッコー常備菜500

まるみキッチン

KADOKAWA

まいにち
自炊をするのは
しんどい……

作りおきは
一石三鳥の救世主！

この本のレシピは こんなふうに使えます

1 夕飯に

夕飯をイチから作るのは面倒！
そんな日に頼りになるのが作りおきおかず。
おかずを盛りつけ、ご飯や味噌汁をつければ、
立派な夜ごはんに。もちろん夕飯のおかずに作って、
その日に食べるのもよし！
残った分は翌日以降の疲れた日のためにストック。

2 お弁当に

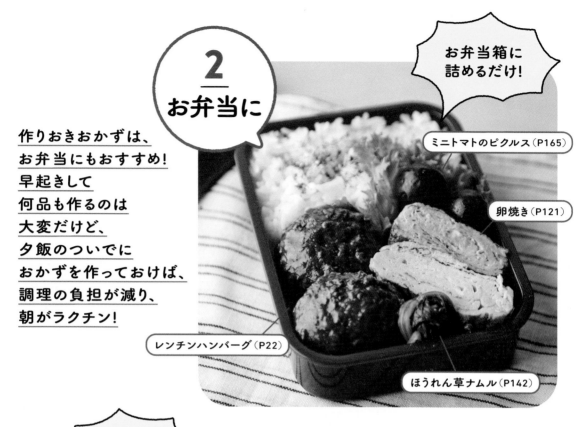

作りおきおかずは、
お弁当にもおすすめ！
早起きして
何品も作るのは
大変だけど、
夕飯のついでに
おかずを作っておけば、
調理の負担が減り、
朝がラクチン！

お弁当箱に
詰めるだけ！

飲みたいときに
サッと出せる！

3 晩酌に

ご飯だけでなく、お酒に
合うメニューもたくさん！
わざわざ作るほどでは
ないけれど、ちょこっと
つまみが欲しいときに、
冷蔵庫に作りおきが
あると気持ちが
弾みます♪

やる気1%でも
大丈夫!

ゆるつく
はじめよう!

ゆる〜く

ゆるつく **1**

夕飯ついでに多めに調理!

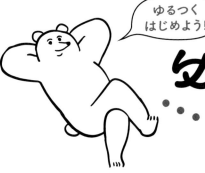

“作りおき”といっても、
いつものおかずを多めに作るだけ。
「常備菜づくりのために時間を
割けない!」という方でも、
夕飯準備のついでなら
気軽にはじめられます。

時間がない!
忙しくてもOK!

手間なし!
苦にならない!

ゆるつく **2**

時短レシピがたくさん!

食材数は抑え、レンジや炊飯器に
頼り、手間は最小限に!
短時間で完成する
メニューばかりだから、一度に
何品か作っても負担になりません。

続けられるワケ

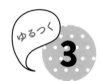

ゆるつく 3

保存期限は冷蔵庫で3日！

保存期限が料理によって
バラバラだと管理するのが面倒！
この本では基本的に、冷蔵庫で
3日保存に統一しました。
冷凍OKのレシピもあるので用途に
応じて活用してください。

覚えやすい！
管理しやすい！

飽きない！
おいしく
食べきる！

ゆるつく 4

分量は、ほぼ3食分！

量が多いと、毎日食べ続けるのは
飽きてしまうし、
「この日までに食べなくちゃ」と
プレッシャーになることも。
この本では飽きずにおいしく
食べられる3食分を目安にしました。

作りおきもラクしよう!

時短につながる

食材選び

カット済み食材を上手に使い、切る手間を省く!

野菜や肉はカット済みのものを選ぶと、そのまま使えて便利です。切る工程がなくなるので調理時間の短縮になります。

冷凍ポテト

凍ったまま調理でき、火の通りも早い。炒めものなどの具になる。

鶏もも肉（から揚げ用）

一口大にカットされていて使いやすい。

せん切りキャベツ

サラダや炒めものなどにサッと使える。

おろしにんにく、おろししょうが

出しやすいチューブ式のものを使用。

刻みねぎ

仕上げによく使うので常備しておくと◎。

切る

調理バサミでまな板いらず!

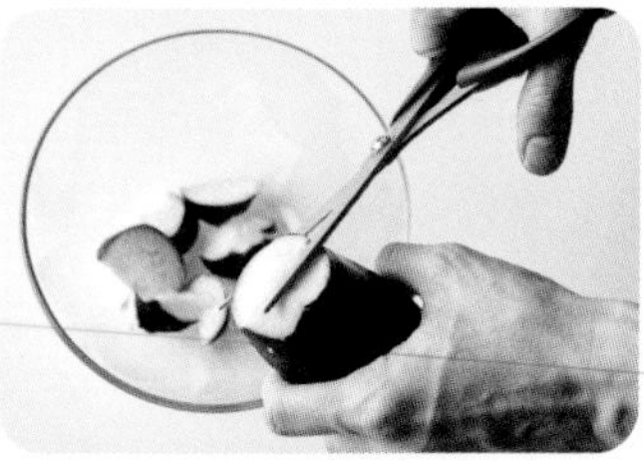

食材は調理バサミで切れば、容器やフライパンに直接入れることができ、洗いものも減らせます。

せん切りや薄切りはスライサーを!

野菜のせん切りや薄切りは、スライサーを使うとラク。器具の力で素早くきれいに切れます。

薄切りはピーラーでもOK!

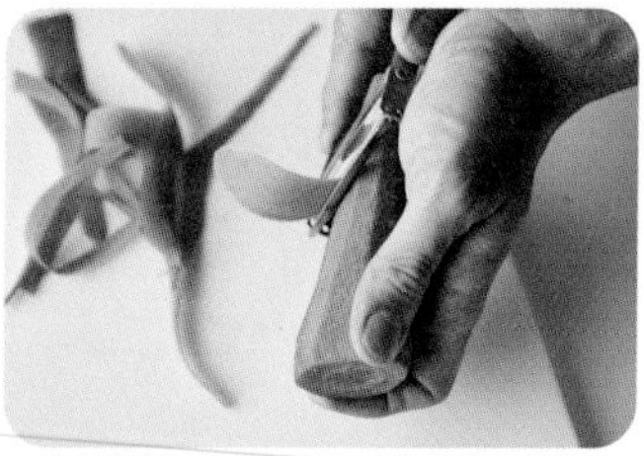

スライサーがなければ薄切りはピーラーでもできます。薄切り後、包丁でせん切りにすると◎。

調理テクニック

味つけ

下味や粉はポリ袋でからめる

肉に調味料をからめる、粉をまぶすなどの作業はポリ袋を使用。手を汚さず、洗いものもラク。

市販のソースやうまみ素材で味が決まる!

あらかじめ調味料が配合されているパスタソースやカレールウ、うまみのあるツナや塩昆布などは、加えるだけでおいしくなるので味つけに活躍します。

タルタルソース
揚げものなどのソースにあると便利。

カレールウ
ルウを溶かして調味料として活用。

ツナ缶
マグロ、できればオイルありを使用。

塩昆布
ほどよい塩気と昆布のうまみが味の決め手に。

ピザ用チーズ
あらゆる食材と相性がよく、コクが出る。

パスタソース
ミートソース、カルボナーラソースをグラタンなどに使用。

加熱

加熱はレンジをフル稼働!

この本のレシピはレンジ調理が多く、火加減による失敗が少ない。加熱中に他の作業を進められます。

揚げものはトースターで!

トースターで焼けば、カリッと揚げもの風の仕上がりに。油を使わないから片付けもラクチン。

煮込みは炊飯器におまかせ!

調理に時間がかかる煮込み系の料理は炊飯器を使用。かたまり肉も柔らかくなり、時短にも◎。

覚えておくと役立つ!

冷凍ストック術

肉

肉から出たドリップ(液体)をふき、冷凍用の保存袋に入れたら空気を抜いて密閉。なるべく購入した日に冷凍し、早めに使いきりましょう。

薄切り肉

薄切り肉は1枚ずつ広げてラップで包み、保存袋に入れて冷凍。1カ月ほど保存可。

ひき肉

使いやすい量に分け、平らにしてラップで包み、保存袋に入れて冷凍。2週間ほど保存可。

＼ポイントは急速冷凍／

おいしさが逃げないよう急速冷凍が大事。熱の伝導率が高い金属製のバットに入れるとよい。

野菜

野菜は冷凍保存すると鮮度をキープしたまま長持ちします。炒めものやスープなど加熱調理には、凍ったまま加えればOK。

玉ねぎ

玉ねぎは薄切りにし、水気をきって平らになるよう保存袋に入れて冷凍。1カ月ほど保存可。

ほうれん草

ほうれん草はゆでて一口大に切り、小分けにしてラップに包み、保存袋へ。1カ月ほど保存可。

ご飯

できるだけ炊きたてのご飯を1膳分ずつラップに包み(おにぎりにしても)、粗熱が取れたら保存袋に入れて冷凍。1カ月ほど保存可。

おかずの冷凍 冷凍OK

この本で冷凍可能なレシピには、冷凍OKマークを入れています。3日以上の保存は冷凍が安心です。冷凍用の保存袋に入れ、空気を抜いて密閉。2週間ほど保存可能ですが、なるべく早めに食べきりましょう。

保存容器について

いろいろな材質があるので、お好みでどうぞ。本書ではガラス容器を使用。耐熱性の容器ならレンジ加熱後にそのまま保存できます。

ガラス容器

透明で中身が確認しやすく、色汚れやにおいがつきにくい。本書では、15cm角×7cm(容量600mℓ)、21cm×15cm×高さ7cm(容量1ℓ)の耐熱容器を使用。

琺瑯容器

ガラスと同じく色汚れやにおいがつきにくいので衛生的。レンジ加熱はNGですが、直火にかけられるので料理の温め直しもしやすい。

プラスチック容器

大きさや形のバリエーションが豊富。ガラスや琺瑯に比べると色汚れやにおいはつきやすいですが、安価なので買い替えやすい。

保存袋

容器よりも場所を取らない。冷凍する場合は、冷凍用の保存袋を使用。

本書の使い方

アイコン レシピに出てくる調理法をアイコンで表記しています。

レンジ
ワット数は600Wで作っています。

トースター
ワット数は1000Wで作っています。

フライパン
フッ素樹脂加工のフライパンを使用しています。

炊飯器
圧力釜式ではなく、マイコン式を使用。

鍋
ゆでる、煮る調理のときに。

調理工程

- 野菜を洗う、皮をむく、きのこの石づきを取る、油をペーパータオルでふく、調味料を混ぜておくなどの工程は基本的に省いています。
- レンジ加熱の際のラップはふわっと軽くかけてください。複数回の加熱で、最初にラップをかけて「再び◯分チン」と記載した場合は2回目もラップをかけます。
- 基本的に火加減は中火です。ご家庭のコンロにより火力が異なるので調整してください。
- 大1（大さじ1）＝15mℓ、小1（小さじ1）＝5mℓです。卵はLサイズを使用。
- 付け合わせなどレシピに記載していないものは好みでご使用ください。

調味料

- 醤油… 濃口醤油を使用。 ● みりん… 本みりんを使用。 ● 麺つゆ… 2倍濃縮を使用。
- 鶏ガラの素… 顆粒タイプを使用。 ● ソース…記載がなければ中濃ソース。
- 味噌… だし入り味噌を使用。 ● バター… 無塩を使用（有塩でもOK）。
- 焼き肉のたれ、カレールウ… 中辛をチョイス。

省略用語

レシピに出てくる用語をいくつか省略しています。以下を参考にしてください

マヨネーズ→マヨ　サラダ油→油　ポリ袋→袋　保存·耐熱容器→容器

電子レンジで加熱する→〇分チン　大さじ·小さじ→大·小

保存期限 記載した保存期限は目安です。素材の鮮度や季節により異なる場合がありますので、状態を見て判断してください。

contents

PART 04

牛肉おかず

PART 05

ひき肉おかず

PART 06

魚介おかず

写真 鈴木泰介(帯、P2〜35、P164〜167)、まるみキッチン
スタイリング 本郷由紀子
調理補助 大林久利子
イラスト yukke
デザイン 細山田光宣、鈴木あづさ(細山田デザイン事務所)
編集 矢澤純子
編集協力 平井薫子、諸井まみ
DTP Office SASAI
校正 麦秋アートセンター

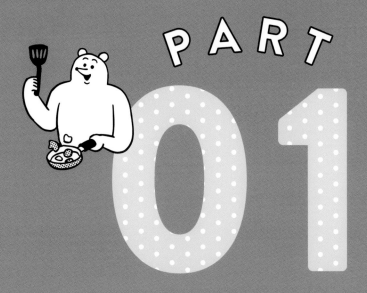

PART 01

何度食べても飽きない！ 定番おかず

しょうが焼き、ハンバーグ、えびフライ……。
王道メニューの作りおきは、夕飯にもお弁当にも大活躍。
レンジやトースターを使い、調理の負担を最小限にしました。

No.001

レンジで ズボラしょうが焼き

具材に片栗粉をまぶすことで、調味料がからみやすくなります。
まぶすときはポリ袋を使えば、手が汚れず、洗いものも減らせてラク。
加熱はレンジにおまかせなので簡単です。

調味料がからんでジューシー！

冷凍OK

冷蔵 3日

作りやすい分量（約3食分）　レンジ

アレンジレシピ

No.002

ごま味噌焼き

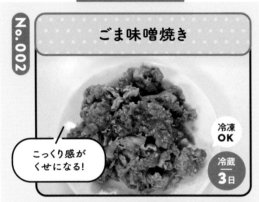

作り方は右記と同じ。片栗粉は大½、2で味噌・麺つゆ各大3、砂糖・白ごま各大1、おろしにんにく小1を混ぜてからめる。

No.003

ピリ辛スタミナ焼き

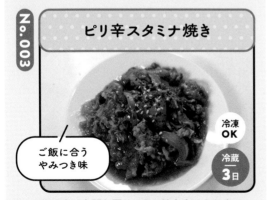

作り方は右記と同じ。2で焼き肉のたれ大4、ごま油・醤油各大2、おろしにんにく小1を混ぜてからめる。仕上げに白ごま・一味唐辛子各適量をふる。

作り方

1 袋に豚こま肉、玉ねぎ、片栗粉を入れてふり、全体にまぶす。

2 容器にAを入れて混ぜ、1を加えてからめる。

3 ラップをして5分チンし、軽くほぐして再び5分チン。

＊好みでマヨを添えて。

やる気TIPS

ポリ袋は下味や衣つけにも使えて便利。少ない調味料や粉も全体に行き渡ります。

No.004

トースターでから揚げ

マヨネーズが油の代わりになるので、油を使わなくてもトースターでカラリとした仕上がりに。ほったらかしにできるから、焼いている間に他の作業ができるのもうれしい。

油を
使わないのに
サクッと食感!
冷凍
OK
冷蔵
3日

作りやすい分量（約3食分）

🅐 マヨ…大3　　🅐 鶏ガラの素…大1

🅐 おろしにんにく…小1

片栗粉…大4

鶏もも肉…600g
（一口大に切る）

🅐 醤油…大2

🖥 トースター

アレンジレシピ

No.005

塩だれから揚げ

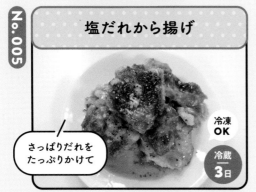

さっぱりだれを
たっぷりかけて

冷凍
OK

冷蔵
3日

作り方は右記と同じ。**1**でマヨ大3をもみ込む。焼いた後、ごま油大4、鶏ガラの素大2、酢大1、おろしにんにく大½を混ぜて回しかけ、黒こしょう適量をふる。

No.006

ヤンニョムチキン風
から揚げ

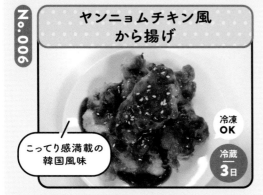

こってり感満載の
韓国風味

冷凍
OK

冷蔵
3日

作り方は右記と同じ。**1**でマヨ大3をもみ込む。焼いた後、焼き肉のたれ大5、ケチャップ・砂糖各大2、おろしにんにく大½を混ぜて回しかける。好みで白ごまをふる。

作り方

1 袋に鶏肉と🅐を入れてもみ込む。鶏肉を取り出して軽く汁気をきり、片栗粉とともに別の袋に入れてふり、全体にまぶす。

＊🅐をもみ込み、少しおいても。

2 アルミ箔をくしゃっと丸めてトースターの天板に敷き、**1**を並べる。

＊あればフライパン用ホイルがおすすめ。アルミ箔はくしゃくしゃにすると、くっつき防止に。

3 トースターで15分焼き、上下を返してさらに15分焼く。

＊好みでレモンを添えて。

完成！

やる気
TIPS

マヨネーズは油の代わりになったり、具材を柔らかくする役割もあります。

No.007

レンジで照り焼きチキン

フライパンを使わず作れる簡単照り焼き。普段のおかずにはもちろん、
お弁当にもぴったりです。味つけを変えるだけで
ガラッと雰囲気が変わる、マンネリ知らずの一品。

おなじみの最強甘辛味!
冷凍OK
冷蔵 3日

作りやすい分量（約3食分）

レンジ

アレンジレシピ

No.008

焼き肉のたれで照り焼きチキン

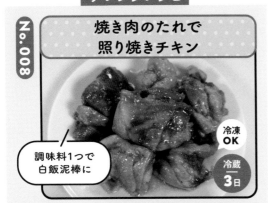

作り方は右記と同じ。2で焼き肉のたれ大5、ごま油大3、おろしにんにく小1を混ぜてからめる。

No.009

ポン酢と麺つゆで照り焼きチキン

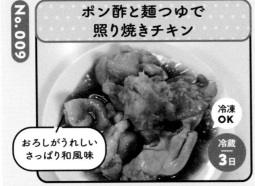

作り方は右記と同じ。2で麺つゆ大8をからめる。食べるときに大根おろし適量をのせてポン酢適量を回しかける。

作り方

1 袋に鶏肉と片栗粉を入れてふり、全体にまぶす。

2 容器にAを入れて混ぜ、1を加えてからめる。

3 ラップをして5分チンし、上下を返して再び5分チン。

完成！

やる気TIPS

鶏もも肉は、メニューによってはカット済みのから揚げ用肉を買うと時短に。

No.010

レンチンハンバーグ

包丁、まな板、フライパン全部不要！ 油を使わないからヘルシーなのもうれしいポイントです。おなじみの調味料で作る即席デミグラス風ソースで、本格的な味わいに。

手間をかけずに
煮込んだかの
ような味に

冷凍OK

冷蔵 3日

作りやすい分量（約3食分）　　　　　
レンジ

Ａ ソース…大5　　Ａ 砂糖…大2

合いびき肉…500g　Ａ 酒…大5　Ａ ケチャップ…大5

アレンジレシピ

No.011

トマト煮込みハンバーグ

トマトのうまみ
が際立つ！

冷凍
OK

冷蔵
3日

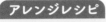

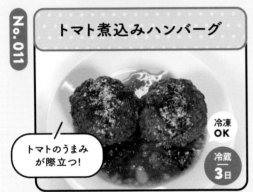

作り方は右記と同じ。**1**でカットトマト缶½個
200g、顆粒コンソメ大1½、砂糖大½を混ぜる。
好みで粉チーズやドライパセリをふる。

No.012

和風ハンバーグ

砂糖で甘めの
味つけに

冷凍
OK

冷蔵
3日

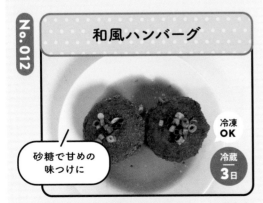

作り方は右記と同じ。**1**で麺つゆ・ポン酢各大
4、砂糖大½を混ぜる。好みで刻みねぎをのせ
る。

作り方

1 容器にＡを入れて混ぜる。

2 ひき肉を6等分にして好みの形に
丸め、**1**に加えてからめる。

3 ラップして4分チンし、上下を
返して再び4分チン。

完成！

PART
01

定番おかず

やる気
TIPS

こま肉やひき肉は切る手間いらずなので
時短したいときは積極的に使って。

No.013

レンチン鶏そぼろ

お弁当にも使えるご飯のおとも。ひき肉をなるべくつぶさないように、やさしく混ぜるのがポイントです。しょうがを加えることで、肉の臭みが取れて風味よく仕上がります。

たくさん作って
おくと便利!
冷凍
OK
冷蔵
3日

作りやすい分量（約3食分）

レンジ

作り方

1 容器にAを入れて混ぜ、ひき肉を加えて軽くあえるようにからめる。

2 ラップをして3分チンし、軽く混ぜて再び3分チン。

アレンジレシピ

No.014 スタミナ風 鶏そぼろ

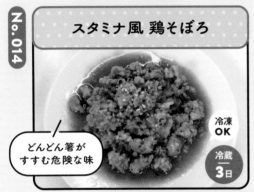

作り方は右記と同じ。1で焼き肉のたれ大8、ごま油大1、おろしにんにく小1を混ぜてからめる。好みで白ごまと一味唐辛子をふる。

No.015 辛味噌風 鶏そぼろ

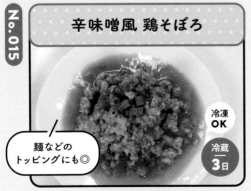

作り方は右記と同じ。1で味噌大5、みりん大3、ラー油大1、おろしにんにく小1を混ぜてからめる。好みで刻みねぎをのせる。

やる気TIPS

作りおきする場合は特に、しっかりと加熱をして具材の中まで火を通して。

No.016

レンチンで ピーマンの肉詰め

ソースで苦みが和らぎ、ピーマンが苦手な方でもパクパクいけちゃう!
ピーマンに肉を詰めるときは、ひき肉を入れた袋の端をカットし、絞り出すようにしても◎。

ケチャップ＆
ソースで
食べやすい!

冷凍OK

冷蔵
3日

作りやすい分量（約3食分）　🔲 レンジ

Ⓐ 酒…大6　Ⓐ ソース…大6　Ⓐ ケチャップ…大6　Ⓐ 砂糖…大2

合いびき肉…500g

ピーマン…8個（ヘタを切り落として種とワタを取る）

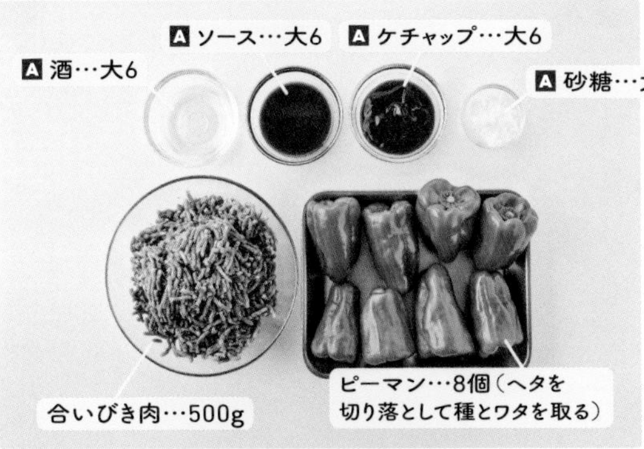

アレンジレシピ

No.017　照り焼きマヨ ピーマンの肉詰め

コクのある甘辛味！

冷凍OK　冷蔵3日

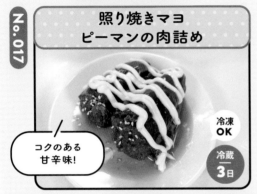

作り方は右記と同じ。2で醤油・みりん各大6、砂糖大3を混ぜてからめる。食べるときにマヨ適量をかけ、好みで白ごまをふる。

No.018　チーズトマト ピーマンの肉詰め

チーズとトマトが好相性！

冷凍OK　冷蔵3日

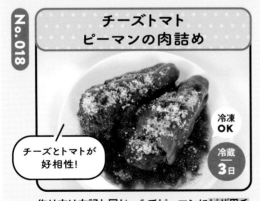

作り方は右記と同じ。1でピーマンにピザ用チーズ80g、合いびき肉400gの順に詰める。2でカットトマト缶1個400g、顆粒コンソメ大3、ソース大2、砂糖大1を混ぜてからめる。好みで粉チーズと黒こしょうをふる。

作り方

1 ピーマンの中にひき肉を均等に詰める。

2 大きめの耐熱皿にⒶを入れて混ぜ、1を加えてからめる。

3 ラップをして6分チンし、上下を返して再び6分チン。

完成！

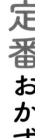

やる気 TIPS

ポリ袋は絞り袋にも。中で肉だねを混ぜてそのまま絞り出せば手が汚れません。

No.019

肉巻きアスパラ

甘辛だれがよくからんだ、みんなが大好きな味。
アスパラはレンチンしておくことで、生焼けを防げます。保存するときは、
食べやすい長さに切っておくと使い勝手がよくて◎。

調味料は
覚えやすい1:1:1の
黄金比!
冷凍
OK
冷蔵
3日

レンジ フライパン

作りやすい分量（約3食分）

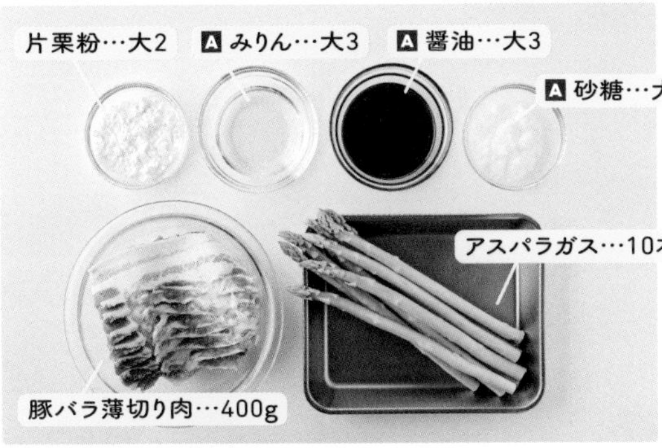

アレンジレシピ

No.020 肉巻きキムチーズ

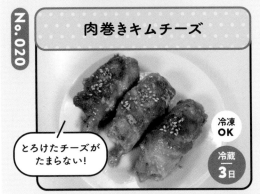

豚バラ薄切り肉500gを2枚ずつ重ね、ピザ用チーズ50gとキムチ50gを等分にのせて巻き、ごま油大2を熱したフライパンで右記と同様に焼く。焼き肉のたれ大3、おろしにんにく小1をからめ、好みで白ごまをふる。

No.021 肉巻きポテト

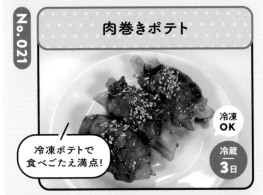

作り方は右記と同じ。1で豚バラ薄切り肉300gの1枚ずつに凍ったままの冷凍ポテト200gを等分にのせて巻く。好みで白ごまをふる。

作り方

1 アスパラはラップで包んで2分チン。豚肉をぐるぐると巻きつけ、全体に片栗粉をふる。

2 フライパンに油大1（分量外）を熱し、1を焼き色がつくまで焼く。

3 混ぜたAを全体に回しかけ、軽く煮詰める。

完成！

やる気TIPS

肉から出た脂は軽くふき取っておくと、調味料がからみやすくなります。

No.022

しゃけ照り風

焼き鮭に飽きたら、ぜひやってみて！片栗粉をまぶすことで、
レンチン加熱でも驚くほどの照り具合。作っておけば、
朝ごはんやお弁当のおかずとしても重宝します。

鮭をおいしく
食べるならコレ！

冷凍
OK

冷蔵
3日

作りやすい分量（約3食分）

レンジ

Ⓐ みりん…大3　Ⓐ 砂糖…大3

鮭…3切れ
（食べやすい
大きさに切る）

Ⓐ 醤油…大3　片栗粉…大1

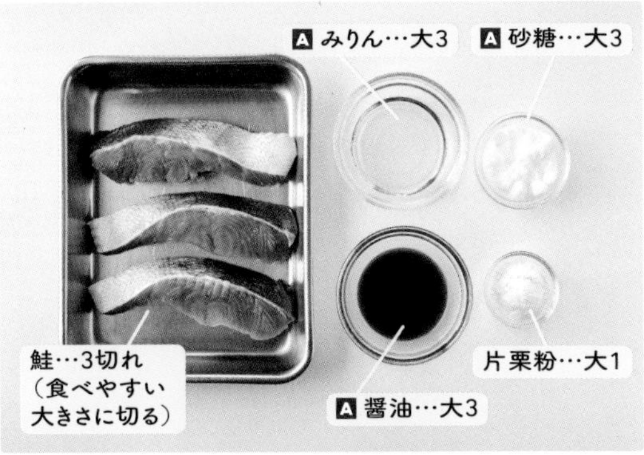

アレンジレシピ

No.023

鮭のクリーム煮

牛乳とチーズで
クリーミー！

冷凍
OK

冷蔵
3日

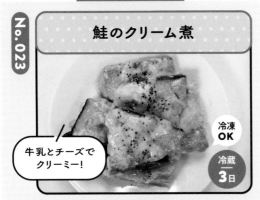

右記の**1**まで同じ。**2**で水大3、顆粒コンソメ
大½を混ぜてからめ、ラップをして3分チン。
牛乳大3を回しかけてピザ用チーズ30gをかけ、
ラップをして2分チン。好みで黒こしょうをふ
る。

No.024

甘味噌で
ちゃんちゃん焼き風

こっくりとした
甘さが美味！

冷凍
OK

冷蔵
3日

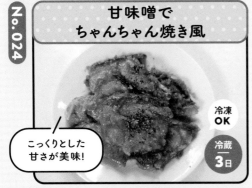

作り方は右記と同じ。**2**で味噌・酒各大3、み
りん・砂糖各大1を混ぜてからめる。好みで黒
こしょうをふる。

作り方

1 袋に鮭と片栗粉を入れてふり、全
体にまぶす。

2 容器にⒶを入れて混ぜ、**1**を加
えてからめる。ラップをして4分
チン。

＊好みで白ごまをふる。

完成！

PART
01

定番おかず

やる気
TIPS

料理を保存するときは、保存容器や袋に
作った日付をラベリングしておくと◎。

No. 025

ぶりの照り焼き風

下ごしらえや焼く工程不要で、
“ぶり照り”が一気に身近な存在に!
片栗粉をまぶすことで、
たれがからみやすく&パサつきがちな
身もしっとりと仕上がります。

レンジで
ふっくら味しみ!

冷凍OK

冷蔵 3日

作りやすい分量（約3食分）

レンジ

Ⓐ みりん…大3　　Ⓐ 砂糖…大3

Ⓐ 醤油…大3　　片栗粉…小1

ぶり…3切れ
（食べやすい
大きさに切る）

作り方

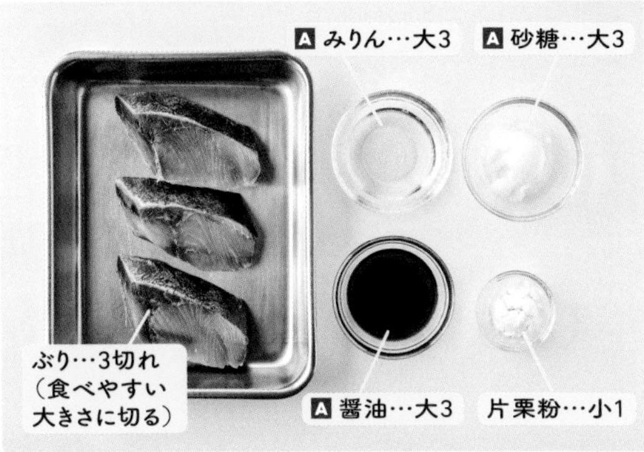

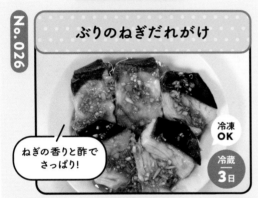

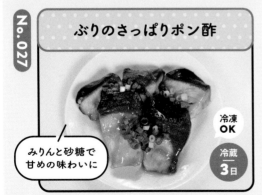

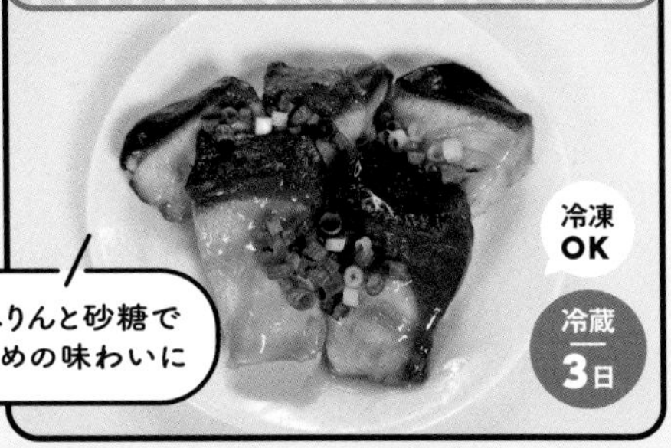

1 袋にぶりと片栗粉を入れてふり、全体にまぶす。

2 容器にⒶを入れて混ぜ、**1**を加えてからめる。ラップをして4分チン。

＊好みで長ねぎ（小口切り）をのせる。

完成！

アレンジレシピ

No.026

ぶりのねぎだれがけ

冷凍
OK

冷蔵
3日

ねぎの香りと酢で
さっぱり！

作り方は右記と同じ。**2**で酒大3をからめる。食べる直前に、長ねぎ20㎝（刻む）、醤油・酢・ごま油各大2、砂糖大½を混ぜて回しかける。

No.027

ぶりのさっぱりポン酢

冷凍
OK

冷蔵
3日

みりんと砂糖で
甘めの味わいに

作り方は右記と同じ。**1**で片栗粉大½をまぶし、**2**でポン酢・みりん各大3、砂糖大1を混ぜてからめる。好みで刻みねぎをふる。

やる気
TIPS

レンジ調理は、加熱中に洗いものや他のおかず作りなどの作業ができるのが◎。

No.028

トースターで ズボラえびフライ

揚げていないのにザクザク食感に！ 天板にえびを並べるとき、パン粉をしっかり押さえて圧着させるとはがれにくくなります。むきえびは冷凍のものを使ってもOK。

むきえびで
超簡単に!
冷凍
OK
冷蔵
3日

作りやすい分量（約3食分）

トースター

むきえび…200g
（下処理済み）

パン粉…大8

マヨ…大2

アレンジレシピ

No.029 悪魔のえびフライ

パン粉の代わりに
天かすで

冷凍
OK

冷蔵
3日

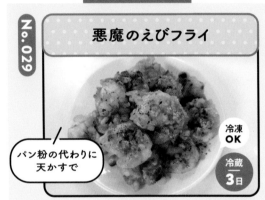

作り方は右記と同じ。1でマヨ・片栗粉各大3、
麺つゆ大2をもみ込み、天かす大8をまぶす。
食べる直前に青のり適量をふる。

No.030 ポップコーンシュリンプ

オーロラソースで
ジャンクな味

冷凍
OK

冷蔵
3日

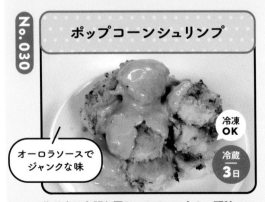

作り方は右記と同じ。1でマヨ大2、顆粒コン
ソメ大1をもみ込む。ケチャップ・マヨ各大3
を混ぜて食べるときにかける。

作り方

1 大きめの袋にえびとマヨを入れて
もみ込み、パン粉を加えてふり、
全体にまぶす。

2 天板にアルミ箔を敷き、1を並べ
てトースターで5分焼く。

＊あればフライパン用ホイルがお
すすめ。アルミ箔はくしゃくしゃ
にすると、くっつき防止に。

3 上下を返してさらに5分焼く。

＊好みでレモン、タルタルソース
（市販）を添える。

完成！

やる気
TIPS

丸めて広げたアルミ箔を敷くことで溝に
油が落ち、トースターでも揚げもの風に。

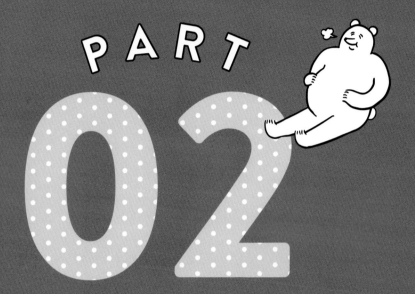

PART

02

やっぱり頼りになります！
豚肉おかず

コスパがよい豚こま、ジューシーな豚バラ、
うまみが濃い豚ロース、食べごたえのあるかたまり肉。
使い勝手抜群の万能選手、豚肉を味わい尽くします！

No.031 豚こまのねぎ塩あえ

作りやすい分量（約3食分）

1 容器に豚こま肉500gと酒大3を入れてあえる。

2 ラップをして3分チン。軽くほぐし、再び3分チン。

3 汁気を軽くきり、ごま油大3、酢大2、鶏ガラの素大1、おろしにんにく小1とあえる。食べるときに刻みねぎ適量をかける。

POINT! 黒こしょうをふっても◎。

No.032 豚こまでごまドレポン酢あえ

作りやすい分量（約3食分）

1 容器に豚こま肉500gと酒大3を入れてあえる。

2 ラップをして3分チン。軽くほぐし、再び3分チン。

3 汁気を軽くきり、ごまドレッシング(市販)・ポン酢各大3、おろしにんにく小1とあえる。

POINT! 好みでラー油や白ごまをふってもおいしい。

No.033 即席豚キムチ風

作りやすい分量（約3食分）

1 容器に豚こま肉500g、キムチ150g、ごま油大3、酒・鶏ガラの素各大1を入れてあえる。

2 ラップをして4分チン。全体を混ぜ、再び4分チン。

POINT! 耐熱ボウルで作ると混ぜやすい。好みで白ごまをたっぷりふって。

やる気TIPS
キムチはそのまま食べてもおいしいですが、味が決まる調味料としても優秀。

No.034
悪魔の豚こま ねぎ塩ボール

作りやすい分量（約3食分）

A 白ねぎ（刻む）1本分、ごま油大3、酢・鶏ガラの素各大1、おろしにんにく小2、（あれば）黒こしょう適量

1 豚こま肉500gを食べやすい大きさに丸め、片栗粉大2を全体にまぶす。

2 ごま油大3を熱したフライパンで1をきつね色になるまで焼き、混ぜた**A**を回しかける。

POINT! ごま油でカラッと揚げ焼きにすれば香ばしい。

No.035
ヤンニョム 豚こまチーズボール

作りやすい分量（約3食分）

1 豚こま肉500gを食べやすい大きさに丸めてキャンディチーズ120gを包み、片栗粉大3を全体にまぶす。

2 ごま油大4を熱したフライパンで1の表面を焼く。焼き肉のたれ大5、ケチャップ・砂糖各大2を加えてからめ、軽く煮詰める。

POINT! 好みで白ごまをかけて。

No.036
豚こまボールの トマト煮風

作りやすい分量（約3食分）

1 豚こま肉500gを食べやすい大きさに丸め、片栗粉大3を全体にまぶす。

2 容器にカットトマト缶1個400gと顆粒コンソメ大2を入れて混ぜる。

3 2に1を加えてからめ、ラップをして10分チン。

POINT! コーヒーフレッシュをかけてドライパセリをふればグレードアップ。

No.037 豚こまのしぐれ煮風

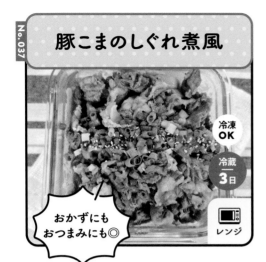

作りやすい分量（約3食分）

1. 容器に豚こま肉500g、醤油・酒各大3、みりん・砂糖各大1、おろししょうが小1を入れてあえる。
2. ラップをして3分チン。上下を返して再び3分チン。

POINT!
耐熱ボウルで作ってもOK。好みで刻みねぎや白ごまをふって。

No.038 豚こまの塩昆布あえ

作りやすい分量（約3食分）

1. 容器に豚こま肉500gと酒大3を入れてあえる。
2. ラップをして3分チン。軽くほぐし、再び3分チン。
3. 汁気を軽くきり、塩昆布大3、マヨ大2とあえる。

POINT!
うまみと塩気のある塩昆布で味が決まる。好みで白ごまを。

No.039 豚こま青じそチーズ焼き

作りやすい分量（約3食分）

1. 袋に豚こま肉500g、青じそ10枚(刻む)、ピザ用チーズ50g、片栗粉大2を入れてもみ混ぜ、一口大にまとめる。
2. 油適量を熱したフライパンで1を両面カリッと焼く。

POINT!
青じそは調理バサミで切るか手でちぎるとラク。好みでポン酢や一味、マヨをかけて。

やる気TIPS
うまみたっぷりでごちそう感をアップできるトマト缶は、ストックしておくと◎。

No.040 豚こまのさっぱり煮風

作りやすい分量（約3食分）

1. 容器に豚こま肉500g、麺つゆ・ポン酢・水各大3を入れてあえる。
2. ラップをして3分チン。上下を返して再び3分チン。

POINT! 追いポン酢してもgood。好みで刻みねぎをたっぷりどうぞ。

No.041 豚こまのごま味噌あえ

作りやすい分量（約3食分）

1. 容器に豚こま肉500g、麺つゆ大2、味噌・砂糖・白ごま各大1を入れてあえる。
2. ラップをして3分チン。全体を混ぜて再び3分チン。

POINT! 味噌がダマにならないようよく混ぜて。好みで刻んだ青じそを。

No.042 悪魔のクリスピー豚こまから揚げ

作りやすい分量（約3食分）

1. 袋に豚こま肉500g、麺つゆ・片栗粉各大3、マヨ大1、おろしにんにく小2を入れてもみ混ぜる。
2. トレイなどに天かす適量を広げ、1を入れてまぶしつける。
3. 油適量（2㎜深さ）を熱したフライパンで2を揚げ焼きにし、青のり大1をふる。

POINT! 両面にカリッと香ばしい焼き色がつくまで加熱。好みでマヨをかけて。

No.043 豚こまチーズナゲット

作りやすい分量（約3食分）

1 袋に豚こま肉500g、溶き卵2個分、ピザ用チーズ30g、片栗粉大5、鶏ガラの素大1を入れてもみ混ぜる。

2 油適量を熱したフライパンに1を一口大に整えて並べ入れ、カリッとするまで焼く。

POINT! ナゲットの形に整えながら並べる。ケチャップやマスタードを添えて。

No.044 豚こまの磯辺揚げ風

作りやすい分量（約3食分）

1 袋に豚こま肉500g、麺つゆ・片栗粉各大4、青のり大2を入れてもみ混ぜる。

2 油適量（2㎜深さ）を熱したフライパンに1を一口大にして並べ、揚げ焼きにする。

POINT! 両面がカリッとして焼き色がつくまで揚げ焼きに。

No.045 豚こまで甘酢だれ風

作りやすい分量（約3食分）

1 袋に豚こま肉500gと片栗粉大3を入れてふり、全体にまぶす。

2 ごま油大2を熱したフライパンに1を一口大にして並べ、揚げ焼きにする。

3 弱火にし、醤油・みりん・砂糖各大2、酢大1を加えて軽く煮詰める。

POINT! 片栗粉をまぶすとカリッと焼けてたれにとろみがつく。好みで白ごまを。

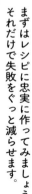

やる気TIPS

まずはレシピに忠実に作ってみましょう。それだけで失敗をぐっと減らせます。

No.046

豚こまでタルタル南蛮風

作りやすい分量(約3食分)

1 袋に豚こま肉500gと片栗粉大5を入れてふり、全体にまぶす。

2 油適量(2㎜深さ)を熱したフライパンで1を揚げ焼きにする。余分な油をふき、醤油・酢・砂糖各大3を加えて軽く煮詰める。

3 食べるときにタルタルソース(市販)・黒こしょう各適量をかける。

POINT! 揚げ焼きにした後、ペーパータオルで油をふくと◎。

No.047

豚こまチャプチェ

作りやすい分量(約3食分)

1 容器に水100㎖、ごま油・醤油・焼き肉のたれ各大2、鶏ガラの素大1、おろしにんにく小1を入れて混ぜる。

2 豚こま肉150g、乾燥春雨50gを順に加え、ラップをして3分チン。全体を混ぜて再び3分チン。

POINT! 春雨は乾燥のまま入れてOK。にんじんやニラを加えても美味。好みで刻みねぎや白ごまを。

No.048

豚バラえのきの甘辛巻き

作りやすい分量(約3食分)

1 豚バラ薄切り肉400gを2枚ずつ重ねてえのき1株(ほぐす)を巻き、片栗粉大さじ1をまぶす。

2 容器に醤油・みりん・砂糖各大3、おろししょうが小1を入れて混ぜ、1をからめる。

3 ラップをして3分チン。返して再び4分チン。

POINT! えのきは頭が少し出るように巻く。たれにゆで卵を10分漬ければ即席煮卵風に。

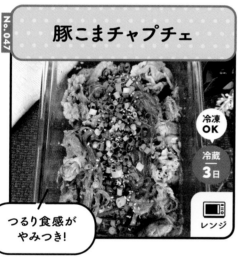

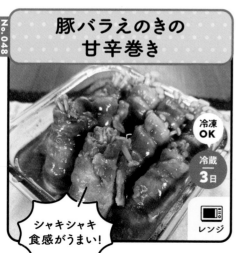

No.049 厚揚げでかさ増し 豚バラ角煮風

作りやすい分量（約3食分）

A｜醤油・酒・みりん・砂糖各大3、水100mℓ

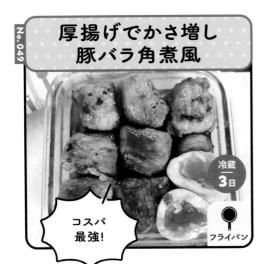

1 厚揚げ250g(一口大に切る)を豚バラ薄切り肉400gで包み、片栗粉大2をまぶす。

2 油大1を熱したフライパンで1を焼き、Aを加えて10分煮込む。

POINT!

豚肉を十字に広げて厚揚げ全体を包み、片栗粉をまんべんなくまぶして。ゆで卵を一緒に煮ても。

No.050 豚バラ白菜のウマいヤツ

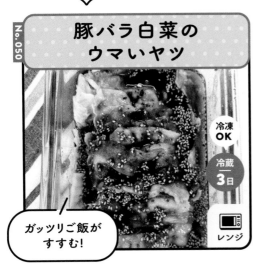

作りやすい分量（約3食分）

1 容器に白菜1/8個(ざく切り)を入れて豚バラ薄切り肉200gをのせ、麺つゆ大3をかける。

2 ラップをして6分チン。混ぜ合わせた焼き肉のたれ・ポン酢各大2、白ごま大1を回しかける。

POINT!

豚肉を上にのせると白菜の水分でふんわり仕上がる。調味料をポン酢だけにしても美味。

No.051 豚バラでくるくるとんかつ

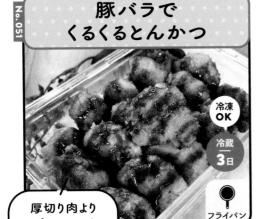

作りやすい分量（約3食分）

1 豚バラ薄切り肉400gをずらして重ねてくるくる巻き、一口大に切る。

2 小麦粉・溶き卵・パン粉各適量を順にまぶす。

3 油適量を熱したフライパンで表面をカリッと揚げる。

POINT!

薄切り肉なら中まですぐ火が通る。火加減は弱火と中火の間で。好みでソースをかけて。

やる気TIPS

かたまった砂糖は、ペーパータオルを濡らしてかぶせるとサラサラに戻ります。

No.052 豚バラで青じそチーズのくるくるかつ

作りやすい分量（約3食分）

1　2枚ずつ重ねた豚バラ薄切り肉28枚約400gにスライスチーズ14枚、青じそ14枚を順にのせて巻き、小麦粉・溶き卵・パン粉各適量を順にまぶす。

2　油適量（5㎜深さ）を熱したフライパンでサッと揚げ焼きにする。

POINT!
チーズと青じそ各1枚を巻いて14本分。火加減は弱火から中火にし、途中で返して。

No.053 肉巻きチーズ焼きおにぎり

作りやすい分量（約3食分）

1　ご飯2合にピザ用チーズ50gを混ぜ込んで俵状にまとめ、豚バラ薄切り肉300gを巻きつける。

2　ごま油大1を熱したフライパンで表面をカリッと焼き、焼き肉のたれ大3を回しかけて煮詰める。

POINT!
白ごまをふっても。冷凍する場合は焼いた後に1個ずつラップで包み、保存袋に入れる。

No.054 豚巻きポテトのスタミナ焼き風

作りやすい分量（約3食分）

1　容器にじゃがいも450g（皮をむいてくし形切り）を入れ、ラップをして8分チン。粗熱が取れたら豚バラ薄切り肉300gを等分に巻きつける。

2　ごま油大1を熱したフライパンで1を両面焼き、火が通ったら焼き肉のたれ大3、醤油大1、おろしにんにく小1を加え、軽く煮詰める。

POINT!
フライパンの油を軽くふいてから調味料を加えると味がよくからむ。好みで白ごまを。

無水調理で味が凝縮!

No.055

豚バラキャベツの無水トマト煮風

作りやすい分量(約3食分)

1 容器に**キャベツ1/2個**(ざく切り)、**カットトマト缶1個400g**、**顆粒コンソメ大2**を入れて混ぜ、**豚バラ薄切り肉200g**を広げて並べる。

2 ラップをして10分チン。

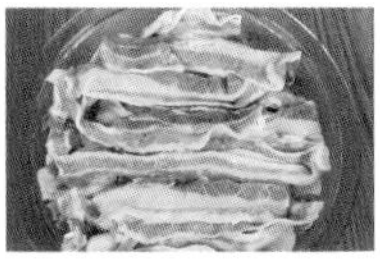

POINT!

豚肉は最後にのせてうまみを全体に行き渡らせて。

No.056

豚バラのねぎ塩炒め風

焼きそばの具にしても美味!

作りやすい分量(約3食分)

1 **ごま油大2**を熱したフライパンで**豚バラ薄切り肉500g**(一口大に切る)を炒める。

2 **長ねぎ1本**(みじん切り)、**酢大2**、**鶏ガラの素大1**、**おろしにんにく小1**、好みで**黒こしょう適量**を加えてサッと炒める。

POINT!

酢を加えることで味が引きしまる。

お弁当のおかずにも!

No.057

豚バラのウマ味噌炒め風

作りやすい分量(約3食分)

1 フライパンで**豚バラ薄切り肉600g**(一口大に切る)をサッと炒める。

2 **酒・味噌各大2**、**砂糖大1**を加えて軽く煮詰める。

POINT!

味噌が入ると焦げやすいので投入後はパパッと仕上げて。好みで白ごまを。

やる気TIPS

油を使った後、鍋やフライパンをサッとふいておくと洗いものをするときにラク。

No.058 豚バラえのき麺つゆがけ

作りやすい分量（約3食分）

1 えのき1株（根元を切り落としてほぐす）を適量ずつ分け、それぞれを豚バラ薄切り肉300gで巻き、容器に入れて麺つゆ大4を回しかける。

2 ラップをして8分チン。

POINT!
麺つゆをポン酢に替えてもおいしい。好みで刻みねぎやごまを。

No.059 豚バラのニラ玉炒め

作りやすい分量（約3食分）

1 ごま油大2を熱したフライパンで豚バラ薄切り肉500g（一口大に切る）、ニラ1束（4㎝幅に切る）を炒める。

2 溶き卵3個分、鶏ガラの素大2を加え、卵に火を通す。

POINT!
ニラは調理バサミでカットするとラクチン。

No.060 豚バラから揚げの香味だれかけ

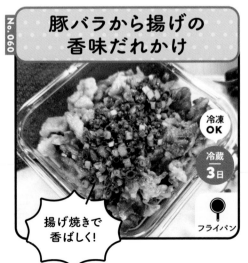

作りやすい分量（約3食分）

A 醤油・酢各大3、ごま油・砂糖各大1、おろしにんにく・おろししょうが各小1

1 袋に豚バラ薄切り肉500g（一口大に切る）、片栗粉大3を入れてふり、全体にまぶす。

2 油適量（2㎜深さ）を熱したフライパンで揚げ焼きにする。

3 刻みねぎ大3とAを混ぜ合わせてかける。

POINT!
カリッとした食感を残すため、たれは食べる直前にかけて。

No.061

よだれ豚バラ

作りやすい分量（約3食分）

1 容器に豚バラ薄切り肉400g、酒大3を入れてなじませ、ラップをして3分チン。混ぜて再び3分チン。

2 汁気をきり、刻みねぎ大4、醤油・酢各大2、ラー油大1を加えて混ぜ合わせる。

POINT!

豚肉は酒をまぶすと、ふんわり柔らかく仕上がる。好みで糸唐辛子や白ごまをプラス。

No.062

豚バラキャベツの塩だしスープ

作りやすい分量（約3食分）

1 鍋にごま油大2を熱し、豚バラ薄切り肉150g（一口大に切る）をサッと炒める。キャベツ½個（ざく切り）を加え、しんなりするまで炒める。

2 水800mℓ、麺つゆ50mℓ、鶏ガラの素大2、おろしにんにく小1を加えてひと煮立ちさせる。

POINT!

肉は切り落としでもOK。最後に黒こしょうをふっても。

No.063

豚バラ白菜の無水クリームスープ

作りやすい分量（約3食分）

1 鍋にバター20gを溶かし、豚バラ薄切り肉150g（一口大に切る）をサッと炒める。白菜½個（ざく切り）を加え、しんなりするまで炒める。

2 牛乳800mℓ、顆粒コンソメ大1を加えてひと煮立ちさせる。

POINT!

肉は切り落としを使ってもOK。黒こしょうをふるのもおすすめ。

やる気TIPS

ちょっと食材を切りたいときは、調理バサミを使えば洗いものが減らせます。

No.064

豚ロースでチーズミルフィーユかつ

冷凍OK
冷蔵3日
フライパン

柔らかくてジューシー!

作りやすい分量(約3食分)

1 豚ロース薄切り肉400gを2枚ずつずらして重ね、ピザ用チーズ50gをのせてくるくる巻き、小麦粉・溶き卵・パン粉各適量を順にまぶす。

2 フライパンに油適量を熱し、表面をカリッと揚げる。食べるときにソース適量をかける。

POINT!
揚げるときの火加減は弱火から中火の間で。

No.065

豚巻きねぎ

冷凍OK
冷蔵3日
レンジ

シンプルだけど絶品!

作りやすい分量(約3食分)

1 青ねぎ2束を豚ロース薄切り肉400gで巻き、ねぎの根元を切り落として一口幅に切る。

2 容器に並べて麺つゆ大4を回しかけ、ラップをして3分チン。返して再び3分チン。

POINT!
青ねぎは豚肉で一気に巻いてから切るとバラバラにならずに簡単。

No.066

冷しゃぶ風香味だれあえ

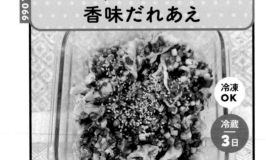

冷凍OK
冷蔵3日
レンジ

おつまみにもおすすめ!

作りやすい分量(約3食分)

A | 醤油・酢各大3、ごま油・砂糖各大1、おろしにんにく・おろししょうが各小1

1 容器に豚ロース薄切り肉400g、酒大3を入れて混ぜ、ラップをして3分チン。混ぜて再び3分チンして汁気をきる。

2 刻みねぎ大3、Aを混ぜ、1に加えてあえる。

POINT!
あらかじめ調味料を混ぜてから肉にからめるとラク。好みで白ごまを。

No.067

ポークチャップ風

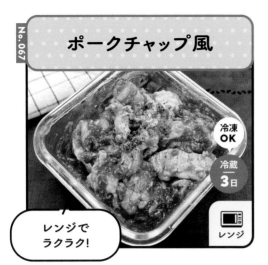

作りやすい分量（約3食分）

1 袋に豚ロース薄切り肉400g、片栗粉大3を入れてふり、全体にまぶす。

2 容器に酒・ケチャップ・ソース各大3、砂糖大1を入れて混ぜ、1を加えてからめる。

3 ラップをして3分チン。混ぜて再び3分チン。

POINT!
豚肉にソースをしっかりからませて。好みでドライパセリを。

No.068

豚しゃぶのナムルあえ風

作りやすい分量（約3食分）

1 容器に豚ロース薄切り肉400g(一口大に切る)、酒大3を入れて混ぜ、ラップをして3分チン。混ぜて再び3分チンして汁気をきる。

2 ごま油大3、鶏ガラの素大1、おろしにんにく小1を加えて混ぜる。

POINT!
味がぼやけるので、調味の前に汁気は捨てて。好みで刻みねぎや白ごまを。

No.069

ローストポーク風

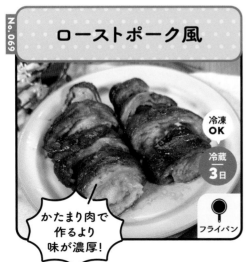

作りやすい分量（約3食分）

A 醤油・酒・みりん各大2、砂糖小1、おろしにんにく小1

1 豚ロース薄切り肉400gをずらして重ねて巻き、小麦粉大1をまぶす。

2 オリーブ油大1を熱したフライパンで1を焼き、焼き目がついたら混ぜた**A**を加えて軽く煮詰め、食べやすく切る。

POINT!
豚肉は半量で1本を作るイメージでくるくる巻いて計2本作る。

やる気TIPS
冷凍した肉は低温でゆっくり解凍するとうまみを損なう心配がありません。

No.070 豚ロースの味噌漬け焼き

作りやすい分量(約3食分)

1 袋に豚ロース厚切り肉4枚500g、酒大6、味噌・砂糖各大2を入れ、10分以上漬け込む。

2 油適量を熱したフライパンで焼く。

POINT!
味噌と砂糖の効果で柔らかい食感になる。

No.071 豚ロースの無水トマト煮風

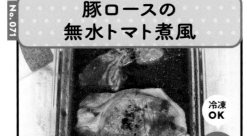

作りやすい分量(約3食分)

1 容器にカットトマト缶1個400g、顆粒コンソメ・ソース各大1、砂糖小1を入れて混ぜ、豚ロース厚切り肉4枚500gをからめる。

2 ラップをして4分チン。返して再び4分チン。

POINT!
ホールトマトの場合は崩しながら混ぜて。豚肉にからませて　からチン。好みでドライパセリを。

No.072 ズボラひとくちロースかつ

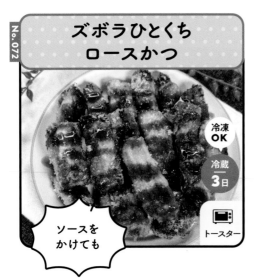

作りやすい分量(約3食分)

1 袋に豚ロース厚切り肉4枚500g(食べやすく切る)、マヨ大3を入れてなじませる。

2 取り出してパン粉適量をまぶす。

3 アルミ箔を敷いた天板に重ならないように並べ、トースターで20分焼く。返して再び10分焼く。

POINT!
アルミ箔はクシャッとさせると肉がくっつかない。もしパン粉がはがれたら追加して。

No.073

ひとくちトンテキ風

濃厚なソースで大満足!

作りやすい分量(約3食分)

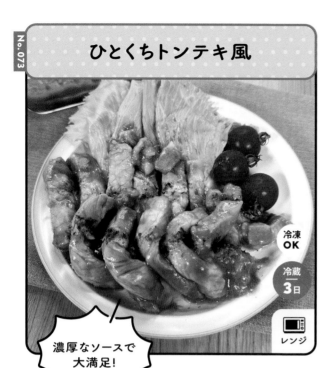

1 袋に豚ロース厚切り肉4枚500g(食べやすく切る)、片栗粉大1を入れてふり、全体にまぶす。

2 容器に1、ソース・ケチャップ・酒・砂糖各大2を入れてからめ、ラップをして3分チン。返して再び3分チン。

POINT!
調味料をからめてチンすることで柔らかい食感に。好みでドライパセリをかけて。

No.074

コロコロステーキ風

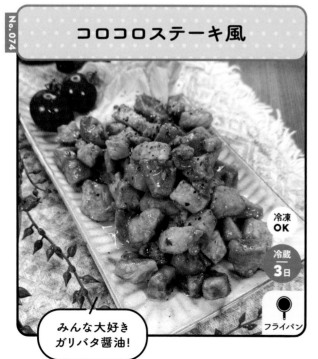

みんな大好きガリバタ醤油!

作りやすい分量(約3食分)

1 袋に豚ロース厚切り肉4枚500g(さいころ状に切る)、小麦粉大2を入れてふり、全体にまぶす。

2 フライパンにバター20gを溶かし、1をカリッと焼く。醤油大3、おろしにんにく小1を加えて軽く煮詰める。

POINT!
袋の上からもんで小麦粉をなじませて。たれにとろみがつく。好みで黒こしょうをかけても。

やる気TIPS
肉にパン粉をまぶしたら、手で押さえたり、握ったりするとはがれにくくなります。

No.075

豚ロースで蒲焼き風

作りやすい分量(約3食分)

1 袋に**豚ロース厚切り肉4枚500g**(一口大に切る)、**小麦粉大2**を入れてふり、全体にまぶす。

2 フライパンに**油適量**を熱し、1をさっと焼く。

3 **醤油・みりん各大4**、**砂糖大2**を回しかけ、軽く煮詰める。

POINT!
たれを煮詰めて肉にしっかりまとわせて。好みで白髪ねぎを。

No.076

ズボラ豚バラ大根

作りやすい分量(約3食分)

炊飯釜に**麺つゆ300㎖**、**ごま油大3**、**おろししょうが小1**を入れて混ぜ、**大根½本**(皮をむいて2㎝幅の半月切り)、**豚バラかたまり肉550g**(食べやすく切る)を加えて通常炊飯。

POINT!
なるべく具材がたれに浸かるように入れて。好みで刻みねぎをふっても。

No.077

ワンパンチャーシュー

作りやすい分量（約3食分）

1 熱したフライパンで**豚バラかたまり肉約600g**の表面をサッと焼き、ペーパータオルで余分な油をふく。

2 醤油・酒・砂糖各大5、おろしにんにく小1を加え、アルミ箔で落としぶたをして弱〜中火で8分、上下を返して8分煮る。食べやすく切る。

POINT!

豚肉の上下を返したタイミングでゆで卵を加えれば、即席煮卵が一緒に作れる。

No.078

炊飯器で スタミナ角煮風

作りやすい分量（約3食分）

1 炊飯釜に焼き肉のたれ・みりん各大9、砂糖大1、おろしにんにく小1を入れて混ぜる。

2 **豚バラかたまり肉約600g**（全体にフォークで穴をあける）を加えてからめ、アルミ箔で落としぶたをして通常炊飯。上下を返して10分保温する（このときゆで卵を加えても）。食べやすく切る。

POINT!

たれに豚肉が半分くらい浸かるのが理想。

やる気TIPS

ふたや落としぶたがなければ、アルミ箔で代用可。捨てるだけで後片づけもラク。

No.079

ズボラポッサム

冷凍OK
冷蔵3日
炊飯器

人気の韓国料理を炊飯器で!

作りやすい分量（約3食分）

1 炊飯釜に水300mℓ、酒大3、鶏ガラの素大2、おろししょうが小1を入れて混ぜ、豚バラかたまり肉約600g（全体にフォークで穴をあける）を加えて通常炊飯。

2 粗熱が取れたら肉を食べやすい大きさに切り、焼き肉のたれ大3、酢大1、砂糖小1を混ぜたたれを添える。

POINT!

中まで火が通るよう肉には穴をあけて。好みでサンチュを添え、たれに白ごまを加えても。

No.080

豚バラ肉でころころルーローハン風

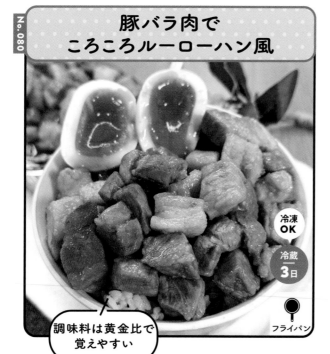

冷凍OK
冷蔵3日
フライパン

調味料は黄金比で覚えやすい

作りやすい分量（約3食分）

1 ごま油適量を熱したフライパンで、豚バラかたまり肉約600g（2cm角に切る）を焼き色がつくまで焼く。

2 弱火にし、醤油・酒・砂糖・酢各大3、おろししょうが小1を加えてからめ、アルミ箔で落としぶたをして10分ほど煮詰める。

POINT!

調味料と一緒にゆで卵も加えて煮卵を作っても。

PART 03

ガッツリも、あっさりも！
鶏肉おかず

もも肉、手羽先、手羽元のボリューミーなおかずから、
むね肉やささみのあっさりおかず、お酒がすすむ鶏皮レシピまで。
シチュエーションに合わせてお好きなメニューをどうぞ。

No.081

チキンの濃厚カルボナーラ風

作りやすい分量（約3食分）

1 容器に牛乳100mℓ、顆粒コンソメ・マヨ各大1を入れて混ぜる。

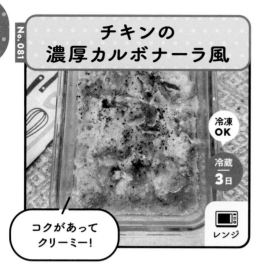

2 鶏もも肉400g(一口大に切る)、薄切りベーコン4枚(1cm幅に切る)を加えてあえ、ラップをして8分チン。

3 粉チーズ大2と卵1個を加えてからめ、塩こしょう少々をふり、ラップをして1分半チン。

POINT!

鶏肉とベーコンが液に浸るようにする。好みで黒こしょうをふって。

No.082

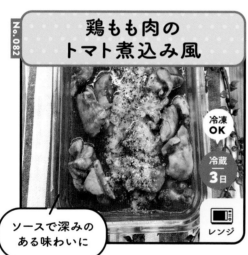

鶏もも肉のトマト煮込み風

作りやすい分量（約3食分）

1 容器にカットトマト缶1個400g、ソース大2、顆粒コンソメ大1を入れて混ぜる。

2 鶏もも肉500g(一口大に切る)を加えてあえ、ラップをして6分チン。全体を混ぜ、再び6分チン。

POINT!

ホールトマトの場合は崩しながら混ぜる。好みで黒こしょう、粉チーズをたっぷりかけて。

No.083

ワンパンでひとくち照り焼きチキン

作りやすい分量（約3食分）

1 袋に鶏もも肉500g(一口大に切る)と片栗粉大2を入れてふり、全体にまぶす。

2 油適量をひいたフライパンで1をサッと炒め、醤油・酒・砂糖各大3を加えて軽く煮詰める。

POINT!

鶏肉は皮目から焼くと、パリパリの食感に。

No.084

なんちゃって ヤンニョムチキン

作りやすい分量（約3食分）

1. 袋に鶏もも肉500g（一口大に切る）と片栗粉大3を入れてふり、全体にまぶす。
2. ごま油適量をひいたフライパンで1をサッと炒め、焼き肉のたれ・ケチャップ・砂糖各大3を加えて軽く煮詰める。

POINT!
片栗粉でたれがからみやすくなる。仕上げに白ごまをふっても。

No.085

チーズタッカルビ風

作りやすい分量（約3食分）

1. 容器に鶏もも肉500g（一口大に切る）、焼き肉のたれ大4、ごま油大1、おろしにんにく小1を入れてあえ、ラップをして6分チンし、混ぜる。
2. ピザ用チーズ30gをかけ、ラップをして2分チン。

POINT!
辛いのが好きな方は一味唐辛子を加えるのもおすすめ。

No.086

鶏もも肉の親子丼風

作りやすい分量（約3食分）

1. 容器に鶏もも肉500g（一口大に切る）、麺つゆ大3、砂糖大1を入れてあえ、ラップをして6分チン。
2. 溶き卵3個分を加えて全体を混ぜ、ラップをして2分チン。

POINT!
肉を先に加熱して味をつけてから卵を加える。好みで刻みねぎをふっても。

やる気TIPS
白ごまや刻みねぎをかけると香ばしさや風味が加わり、見栄えもよくなります。

No.087 パリパリ鶏ペペロンチーノ

作りやすい分量(約3食分)

1 袋に鶏もも肉500g(一口大に切る)と片栗粉大3を入れてふり、全体にまぶす。

2 オリーブ油適量を熱したフライパンで1を火が通ってパリッとするまで焼く。

3 顆粒コンソメ大1、おろしにんにく小1、赤唐辛子(または一味)適量(小口切り)を加えてからめる。

POINT! 肉は多めの油で香ばしく焼き色をつけて。黒こしょうを多めにふると美味。

No.088 甘酢から揚げ風

作りやすい分量(約3食分)

1 袋に鶏もも肉500g(一口大に切る)と片栗粉大3を入れてふり、全体にまぶす。

2 油大3を熱したフライパンで1を火が通ってパリッとするまで焼く。

3 醤油・砂糖各大3、酢大2、おろししょうが小1を加えて軽く煮詰める。

POINT! 肉に調味料をからめながら煮詰めて。好みで白ごまを。

No.089 パリパリ鶏マヨ風

作りやすい分量(約3食分)

1 袋に鶏もも肉500g(一口大に切る)と片栗粉大3を入れてふり、全体にまぶす。

2 油大3を熱したフライパンで1を火が通ってパリッとするまで揚げ焼きにする。

3 マヨ大6、ケチャップ・砂糖・牛乳各大2を混ぜ、2を加えてしっかりあえる。

POINT! 片栗粉をまぶした鶏肉を多めの油で揚げ焼きにしてカリッと仕上げる。

No.090

パリパリ油淋鶏風

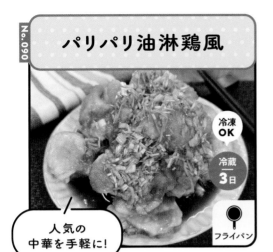

作りやすい分量（約3食分）

1 袋に鶏もも肉500g(一口大に切る)と片栗粉大3を入れてふり、全体にまぶす。

2 ごま油適量を熱したフライパンで1を火が通ってパリッとするまで焼いて取り出す。

3 長ねぎ1本(みじん切り)、醤油・酢・砂糖各大3、おろしにんにく・おろししょうが各小1を混ぜ、2にかける。

POINT!
たれは別容器に保存し、食べるときにかけて。

No.091

バターチキンカレー風炒め

作りやすい分量（約3食分）

1 袋に鶏もも肉500g(一口大に切る)と片栗粉大3を入れてふり、全体にまぶす。

2 バター30gを溶かしたフライパンで1を火が通ってパリッとするまで焼く。

3 火を止めてカレールウ2片を加え、全体にからめる。

POINT!
ルウが余熱で溶けにくければ弱火で温める。最後にドライパセリをふっても。

No.092

ガーリックペッパーチキン

作りやすい分量（約3食分）

1 容器に酒・ごま油各大2、鶏ガラの素大1、おろしにんにく小1を入れて混ぜる。

2 鶏もも肉500g(一口大に切る)を加えてあえ、ラップをして4分チン。

3 全体を混ぜ、再びラップをして4分チン。黒こしょう適量をふる。

POINT!
容器で調味料を混ぜ合わせてから肉をからめる。

やる気TIPS
食材を切るときは、野菜→肉や魚の順で。野菜は香りやアクがあるものは後回しに。

No.093

鶏もものデミソース煮込み風

作りやすい分量（約3食分）

1 容器にケチャップ・ソース各大4、酒・砂糖各大2を入れて混ぜる。

2 鶏もも肉500g(一口大に切る)を加えてあえ、ラップをして6分チンし、混ぜる。

3 ピザ用チーズ30gをかけ、ラップをして2分チン。

POINT!

肉と調味料をよくからめてから加熱。パセリをふると彩りが◎。

No.094

トースターで塩から揚げ

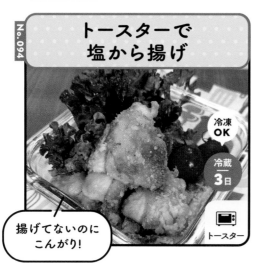

作りやすい分量（約3食分）

1 袋に鶏もも肉500g(一口大に切る)、マヨ・酒・鶏ガラの素各大2、おろしにんにく小1を入れてもみ込む。

2 1の袋に片栗粉大5を加えてふり、全体にまぶす。

3 アルミ箔を敷いた天板に2を並べ、トースターで10分、上下を返して10分焼く。

POINT!

フライパン用ホイルかアルミ箔をくしゃくしゃにして敷くとくっつかない。

No.095

ねぎま風炒め

作りやすい分量（約3食分）

1 油適量を熱したフライパンで鶏もも肉500g(一口大に切る)を火が通るまで炒める。

2 長ねぎ2本(2～3cm幅に切る)を1に加え、火が通るまで炒める。

3 醤油・みりん・砂糖各大3を加えて軽く煮詰める。

POINT!

ねぎは調理バサミで切りながら加えるとラク。好みで七味やマヨをかけて。

No.096

鶏ももキムチーズ炒め

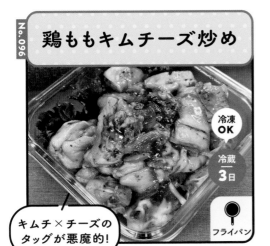

作りやすい分量（約3食分）

1 ごま油適量を熱したフライパンで鶏もも肉500g（一口大に切る）を炒めて火を通す。

2 キムチ100g、鶏ガラの素大1を加えて炒め合わせ、弱火にしてピザ用チーズ30gを全体にかけ、溶けてきたら火を止める。

POINT!
鶏肉に火が通ったら、キムチと鶏ガラの素を加えて全体になじませる。

No.097

ねぎポン酢かけ

作りやすい分量（約3食分）

1 容器に鶏もも肉500g（一口大に切る）、酒大2、おろししょうが小1を入れてあえる。

2 ラップをして4分チン。全体を混ぜて再び4分チン。ポン酢・刻みねぎ各適量をかける。

POINT!
レンジで酒蒸しにしてジューシーに。好みで七味をかけても◎。

No.098

マスタードマヨ

作りやすい分量（約3食分）

1 袋に鶏もも肉500g（一口大に切る）と片栗粉大3を入れてふり、全体にまぶす。

2 油適量を熱したフライパンで1を火が通ってパリッとするまで焼く。

3 弱火にし、マヨ・マスタード各大3、はちみつ（または砂糖）大1を加えてからめる。

POINT!
鶏肉をカリッと焼いてから調味料を加えて。

やる気TIPS
ポン酢がなければ、酢＋レモン汁＋醤油（または麺つゆ）で代用しても。

No.099 磯辺揚げ風

作りやすい分量(約3食分)

1 袋に鶏もも肉500g(一口大に切る)と麺つゆ大3を入れてもみ込む。

2 別の袋に片栗粉大4と青のり大1を入れて混ぜ、1を加えてふり、全体にまぶす。

3 油適量(2㎜深さ)を熱したフライパンでパリッとするまで揚げ焼きにする。

POINT! 袋の中で作業すれば、洗いものも少なくてラク。香ばしく揚げ焼きに。

No.100 チーズグラタン風

作りやすい分量(約3食分)

1 容器に鶏もも肉500g(一口大に切る)と酒大2を入れてあえ、ラップをして6分チン。

2 汁気をきり、パスタ用カルボナーラソース(市販)2人分260gを加えてからめる。

3 ピザ用チーズ30gをのせ、ラップをして2分チン。

POINT! 鶏肉の汁気をきってから調味して。好みで黒こしょうをたっぷりと。

No.101 鶏もも肉の味噌煮込み風

作りやすい分量(約3食分)

1 容器に味噌・砂糖各大2、酒大1、おろししょうが小1、鶏もも肉500g(一口大に切る)を入れてからめる。

2 ラップをして8分チン。全体を混ぜる。

POINT! 味噌が全体に行き渡るようによく混ぜて。好みで刻みねぎや一味を。

No.102

チーズイン 鶏ももステーキ

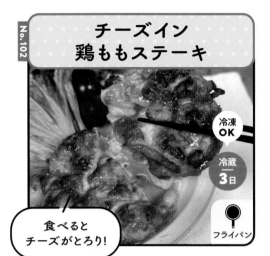

食べるとチーズがとろり!

作りやすい分量(約3食分)

1 鶏もも肉600gに切り込みを入れてピザ用チーズ50gをはさみ、片栗粉大3を全体にまぶす。

2 バター30gを熱したフライパンに1を入れ、火が通ってパリッとするまで焼く。

3 醤油・酒・砂糖各大2を順に加え、からめる。

POINT!

鶏肉は皮目から入れ、動かさずに香ばしい焼き色をつけて。

No.103

マヨでチキンかつ

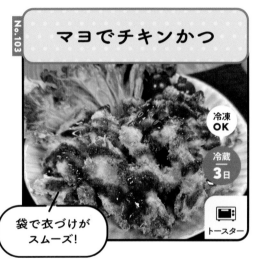

袋で衣づけがスムーズ!

作りやすい分量(約3食分)

1 袋に鶏もも肉600g(皮を取って5㎜幅に切る)とマヨ大3を入れてもみ込む。

2 別の袋にパン粉適量と1を入れて全体にまとわせる。

3 アルミ箔を敷いた天板に2を並べ、トースターで10分、上下を返して10分焼く。

POINT!

パン粉は袋の上からにぎって密着させる。上下を返して追いパン粉をしても。食べるときにソースを。

No.104

麺つゆから揚げ

調味料は麺つゆだけ!

作りやすい分量(約3食分)

1 袋に鶏もも肉500g(一口大に切る)と麺つゆ大3を入れ、もみ込む。

2 肉を取り出し、片栗粉大5をまぶす。

3 油適量(2㎜深さ)を熱したフライパンでパリッとするまで揚げ焼きにする。

POINT!

両面に香ばしい焼き色がつくまで揚げ焼きにする。

やる気TIPS

ピザ用チーズはごちそう感がアップする優れもの。冷凍保存できるので常備して。

No.105 鶏もも肉と長ねぎのうま塩スープ

作りやすい分量（約3食分）

1. 鍋にごま油大2を熱して鶏もも肉300g（一口大に切る）をサッと炒め、長ねぎ2本（斜め切り）を加えて火が通るまで炒める。
2. 水800mℓ、鶏ガラの素大2、おろしにんにく小1を加えてひと煮立ちさせる。

POINT! 鶏肉は焼き色をつけると香ばしい。黒こしょうを好きなだけどうぞ。

No.106 鶏ももとキャベツのバターコンソメスープ

作りやすい分量（約3食分）

1. 鍋にバター20gを溶かして鶏もも肉300g（一口大に切る）をサッと炒め、キャベツ1/2個（食べやすく切る）を加えて火が通るまで炒める。
2. 水800mℓ、顆粒コンソメ大2、おろしにんにく小1を加えてひと煮立ちさせる。

POINT! 鶏肉に火が通り、キャベツがしんなりしたらOK。好みで黒こしょうを。

No.107 鶏むねチャーシュー

作りやすい分量（約3食分）

1. 油適量を熱したフライパンで鶏むね肉600gの表面をサッと焼く。
2. 弱めの中火にし、醤油・酒・砂糖各大5、おろしにんにく小1を加えて全体になじませる。
3. アルミ箔で落としぶたをして5分、上下を返して5分煮詰める。粗熱が取れたら食べやすい厚さに切る。

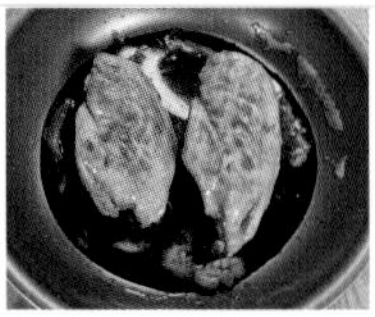

POINT! 煮るときにゆで卵を加えると煮卵風に。好みで刻みねぎをふっても。

No.108 サラダチキン

作りやすい分量(約3食分)

1 容器に酒大2、塩・砂糖各小1を入れて混ぜる。

2 マヨ大2を鶏むね肉600g(皮を取る)の全体に塗り広げる。1に加えてからめる。

3 ラップをして6分、上下を返して再び6分チン。粗熱が取れたら食べやすい厚さに切る。

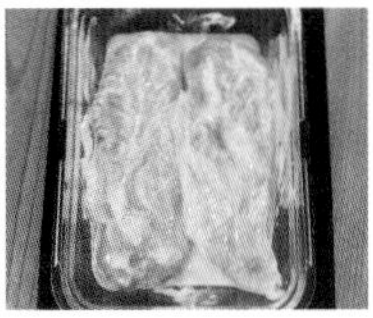

POINT! マヨを塗ることでしっとり仕上がる。食べるときに黒こしょうをふっても。

No.109 タンドリーチキン

作りやすい分量(約3食分)

1 容器にマヨ大5とケチャップ大3を入れて混ぜる。

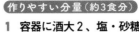

2 鶏むね肉600g(一口大に切る)を加えてからめ、カレールウ3片を加える。

3 ラップをして6分チン。全体を混ぜ、再び6分チン。

POINT! 鶏肉にマヨとケチャップをよくからめてからルウをのせる。

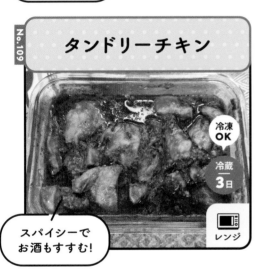

No.110 ガーリック鶏マヨ

作りやすい分量(約3食分)

1 袋に鶏むね肉600g(一口大に切る)と片栗粉大3を入れてふり、全体にまぶす。

2 オリーブ油適量を熱したフライパンで1を火が通ってパリッとするまで焼く。

3 マヨ大4、醤油大1、砂糖・おろしにんにく各小1を加えて軽く煮詰める。

POINT! 黒こしょうをふるのもおすすめ。

やる気TIPS
手頃な値段で買えて低カロリー&低糖質&高たんぱくの鶏むね肉は頼れる存在!

No.111 むね肉でピリ辛鶏チリ風

作りやすい分量（約3食分）

1 袋に鶏むね肉600g(一口大に切る)と片栗粉大3を入れてふり、全体にまぶす。

2 油適量を熱したフライパンで1を火が通ってパリッとするまで焼く。

3 ケチャップ・酢・砂糖各大3、ラー油適量、塩こしょう少々を加えて軽く煮詰める。

POINT! 片栗粉でカリッと焼けてたれにとろみがつく。最後に刻みねぎをふっても。

No.112 カレーチキンスティック

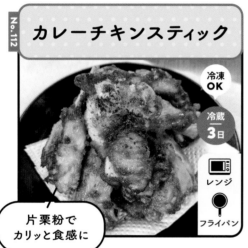

作りやすい分量（約3食分）

1 耐熱ボウルにカレールウ3片と熱湯150mℓを入れてラップなしで1分チンし、混ぜ溶かす。

2 鶏むね肉600g(皮を取って薄切り)を1に加えてからめ、片栗粉大5をまぶす。

3 フライパンに油大5を熱し、2を揚げ焼きにする。

POINT! 鶏肉は調理バサミで切るとラク。最後にドライパセリをふっても◎。

No.113 甘辛チキンスティック

作りやすい分量（約3食分）

1 袋に鶏むね肉600g(皮を取って薄切り)と片栗粉大3を入れてふり、全体にまぶす。

2 油適量を熱したフライパンで、1を火が通るまで焼く。

3 醤油・みりん・砂糖各大2を加えて煮詰め、一味適量をふる。

POINT! 一味の量で辛さの加減を。好みで白ごまをたっぷりふって。

No.114 鶏むねユッケ風

作りやすい分量（約3食分）

1 容器に**鶏むね肉600g**(皮を取る)、酒大2を入れてあえる。

2 ラップをして6分チンし、上下を返して再び6分チン。汁気をきってフォークなどでほぐす。

3 焼き肉のたれ大6、ごま油・醤油各大3、おろしにんにく小1を加えて混ぜる。

POINT! 食べる直前に卵黄をのせて。刻みねぎや白ごまをふっても。

No.115 鶏むねときゅうりのさっぱりあえ

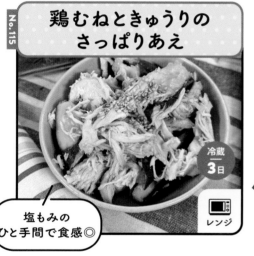

作りやすい分量（約3食分）

A 醤油・酢・ごま油各大3、砂糖大1、おろしにんにく小1

1 容器に**鶏むね肉600g**(皮を取る)、酒大2を入れてあえる。

2 ラップをして6分チンし、上下を返して再び6分チン。汁気をきってフォークなどでほぐす。

3 2に**きゅうり3本**(塩もみして両端を落とし、食べやすい大きさに切る)、Aを加えて混ぜる。

POINT! きゅうりは調理バサミでカットするとラク。最後に白ごまをふって。

No.116 バンバンジー風

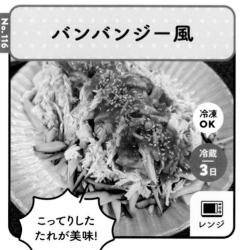

作りやすい分量（約3食分）

A 味噌・砂糖各大2、醤油・マヨ・酢各大1、おろしにんにく小1、(好みで)ラー油適量

1 容器に**鶏むね肉600g**(皮を取る)、酒大2を入れてあえる。

2 ラップをして6分チンし、上下を返して再び6分チン。汁気をきってフォークなどでほぐす。

3 Aを混ぜてたれを作り、食べるときに2にかける。

POINT! 好みで細切りきゅうりの上にのせ、たれを回しかけて。白ごまをふっても。

やる気TIPS
卵黄を使う場合、余った白身は捨てずに汁ものに加えるなどして活用を。

No.117

むね肉で トマトジュース煮込み

調味料はコンソメだけ!

作りやすい分量（約3食分）

1 容器にトマトジュース200mℓと顆粒コンソメ大2を入れて混ぜ、鶏むね肉600g（皮を取り、一口大に切る）を加えてあえる。

2 ラップをして6分チン。上下を返して再び6分チン。

POINT!
トマトジュースは有塩を使用。好みでコーヒーフレッシュやドライパセリをかけても。

No.118

鶏肉と長ねぎの 味噌炒め風

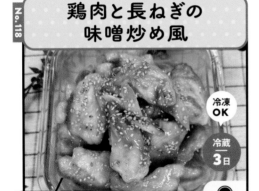

味噌のコクで満足度アップ!

作りやすい分量（約3食分）

1 袋に鶏むね肉600g（一口大に切る）と片栗粉大3を入れてふり、全体にまぶす。

2 油適量を熱したフライパンで1を火が通ってパリッとするまで焼く。

3 長ねぎ1本（斜め薄切り）を加えて炒め、みりん・砂糖・味噌各大2を加えて混ぜ、軽く煮詰める。

POINT!
味噌は好みのものでOK。仕上げに白ごまをふってもおいしい。

鶏ガラの素が隠し味

No.119

むね肉で ひとくちチーズピカタ風

作りやすい分量（約3食分）

1 袋に鶏むね肉600g（一口大に切る）、片栗粉大3、鶏ガラの素大½を入れてふり、全体にまぶす。

2 ボウルで溶き卵2個分、粉チーズ大3を混ぜ、1をくぐらせる。

3 フライパンにバター30gを熱し、2をサッと焼く。

POINT!
両面に軽く焼き色をつけて火を通す。余った卵液は卵焼きにすればOK。

No.120

鶏皮ポン酢

作りやすい分量（約3食分）

1 容器に鶏皮6枚分と酒大1を入れてあえ、ラップをして3分チン。

2 冷水につけて軽くしめたら、食べやすい大きさに切る。

POINT!
食べる直前にポン酢や刻みねぎ、白ごまをかけてどうぞ。

No.121

鶏皮から揚げ

作りやすい分量（約3食分）

1 天板にアルミ箔を敷いて鶏皮6枚分を広げ、塩こしょう少々をふる。

2 トースターで12分焼く。食べやすく切る。

POINT!
加熱ムラがないようしっかり広げて。好みで黒こしょうや七味をふっても。

No.122

鶏皮でホルモン焼き風

作りやすい分量（約3食分）

1 フライパンを油をひかずに熱し、鶏皮6枚分(食べやすい大きさに切る)を火が通るまで炒める。

2 焼き肉のたれ大3、ソース大2、おろしにんにく小1を加えて軽く煮詰める。

POINT!
好みで最後に一味をたっぷりふって。

やる気TIPS
厚い肉はフォークで刺しておくと焼き縮みを防げて味のなじみもよくなります。

No.123

チキンスティック

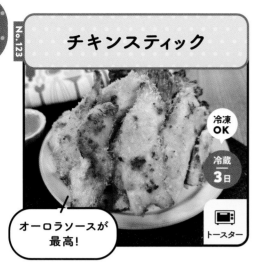

作りやすい分量(約3食分)

1 袋に**鶏ささみ300g**(薄切り)、マヨ大2を入れてもみ込む。

2 別の袋に**パン粉適量**と1を入れてぎゅっとにぎり、全体にまとわせる。

3 アルミ箔を敷いた天板に2を並べ、トースターで10分、上下を返して10分焼く。ケチャップ・マヨ各大2を混ぜて添える。

POINT!
肉は何回かに分けて袋に入れ、パン粉をしっかりまぶす。

No.124

梅しそチキン

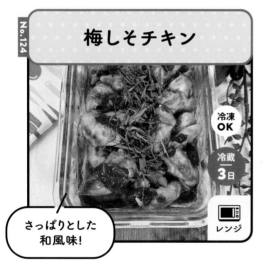

作りやすい分量(約3食分)

1 袋に**鶏ささみ300g**(細長く切る)、片栗粉大2を入れてふり、全体にまぶす。

2 容器に醤油・みりん各大4、砂糖大2、**梅肉2個分**を入れて混ぜ、1を加えてあえる。

3 ラップをして3分チンし、上下を返して再び3分チン。食べる直前に**青じそ5枚**(せん切り)をのせる。

POINT!
ささみに片栗粉をまぶすと調味料がよくからみ、ジューシーに。

No.125

ねぎだくささみ

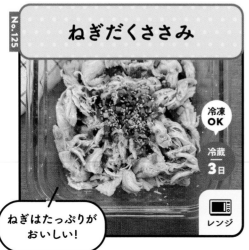

作りやすい分量(約3食分)

1 容器に**鶏ささみ300g**と酒大2を入れてあえる。

2 ラップをして5分チン。汁気をきってフォークなどでほぐす。

3 ごま油大3、鶏ガラの素小2、**刻みねぎ適量**を加えてあえる。

POINT!
ささみは食べやすく裂いて。好みでラー油、白ごまをどうぞ。

No.126 悪魔のささみから揚げ

作りやすい分量（約3食分）

1 袋に鶏ささみ300g(食べやすい大きさに切る)と麺つゆ大2を入れて軽くもみ込む。片栗粉大2を加えてふり、全体にまぶす。

2 トレイなどに天かす大3を広げ、1を入れてまぶしつける。

3 油適量(2㎜深さ)を熱したフライパンで2を揚げ焼きにする。

POINT!
ささみは調理バサミで切るとラク。好みで青のりをふっても。

No.127 手羽先のペッパーパリパリ焼き

作りやすい分量（約3食分）

1 袋に手羽先10本、マヨ大3、鶏ガラの素大1、おろしにんにく小1を入れてもみ混ぜる。

2 別の袋に1と片栗粉大6を入れてふり、全体にまぶす。

3 アルミ箔を敷いた天板に2を並べ、表面に油適量を塗り、トースターで12分、上下を返して12分焼く。黒こしょう適量をふる。

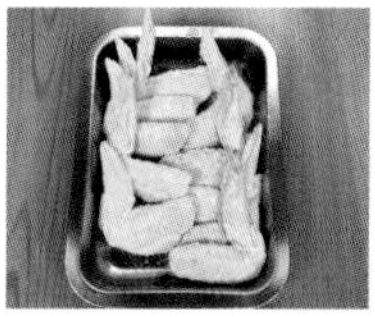

POINT!
肉は何回かに分けて袋に入れ、片栗粉をしっかりまぶす。

No.128 手羽先のスタミナカリカリ焼き

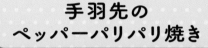

作りやすい分量（約3食分）

1 袋に手羽先10本、焼き肉のたれ大5、おろしにんにく小1を入れてもみ混ぜる。

2 別の袋に1と片栗粉大6を入れてふり、全体にまぶす。

3 ごま油適量を熱したフライパンで2を両面に焼き色がつくまで焼く。

POINT!
片栗粉をまぶすとカリッと焼ける。好みでラー油をかけてピリ辛にしても。

やる気TIPS
同じ味が続かないように、和・洋・中をローテーションすることを意識してみて。

No.129 下味1つで 手羽元のから揚げ

作りやすい分量(約3食分)

1 袋に手羽元10本と焼き肉のたれ大3を入れてもみ込む。

2 別の袋に1と片栗粉大3を入れてふり、全体にまぶす。

3 油適量(2㎜深さ)を熱したフライパンで2をパリッとするまで揚げ焼きにする。

POINT!
両面に焼き色がつくまで動かさずに焼いて。食べるとき好みでレモン汁を。

No.130 手羽元の スタミナ煮込み風

作りやすい分量(約3食分)

1 容器に手羽元10本と片栗粉大2を入れてあえる。

2 焼き肉のたれ大4、ソース・ごま油各大2、おろしにんにく小1を加えて混ぜる。

3 ラップをして6分チンし、上下を返して再び6分チン。

POINT!
肉に調味料をしっかりからめてから加熱。耐熱ボウルで作っても。

No.131 手羽元の 甘味噌煮込み風

作りやすい分量(約3食分)

1 フライパンを油をひかずに熱し、手羽元10本に軽く焼き目をつける。

2 弱火にし、麺つゆ200㎖、味噌・砂糖各大1、おろしにんにく小1を加える。

3 弱〜中火にし、アルミ箔で落としぶたをして5分、上下を返して5分ほど煮込む。

POINT!
ゆで卵を投入するのもおすすめ。好みで一味や白ごまをふって。

PART 04

炒めてよし、煮てよし！ 牛肉おかず

豚肉や鶏肉と比べるとお値段は少々張りますが、
肉の味が濃厚で、満足度が高い牛肉でたまには贅沢を。
炒めものはもちろん、煮込み系もおすすめです。

No.132

牛こま肉のプルコギ風

作りやすい分量（約3食分）

1 容器に牛こま肉300g、焼き肉のたれ大4、ごま油・砂糖各大1を入れて混ぜる。

2 ラップをして3分チン。返して再び3分チン。

POINT!
チンする前に調味料をなじませると味がしっかり入る。好みで白ごまを。

No.133

たれマヨ炒め

作りやすい分量（約3食分）

1 ごま油大1を熱したフライパンで牛こま肉300gを炒める。

2 焼き肉のたれ大2、マヨ大1を加えて軽く煮詰める。

POINT!
マヨを加えたらよくからませて。好みで刻みねぎ、白ごまをかける。

No.134

ペッパーランチ風

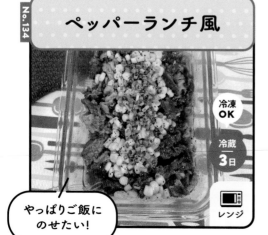

作りやすい分量（約3食分）

1 容器に牛こま肉300g、焼き肉のたれ大4を入れてなじませ、バター10gを加える。

2 ラップをして3分チン。混ぜて再び3分チンし、汁気をきったコーン缶（水煮）100gを加え、黒こしょう適量をふる。

POINT!
バターを溶かし、香りをまとわせる。好みで刻みねぎをかけて。

No.135
牛しゃぶの香味だれがけ

作りやすい分量（約3食分）

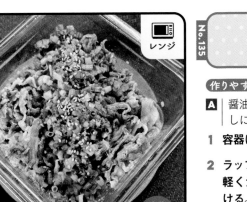

A 醤油・酢各大3、ごま油・砂糖各大1、おろしにんにく・おろししょうが各小1

1 容器に牛こま肉300g、酒大2を入れて混ぜる。

2 ラップをして3分チン。返して再び3分チンし、軽く汁気をきって刻みねぎ大3と**A**を回しかける。

POINT! 刻みねぎと**A**は混ぜ合わせておく。好みで白ごまをふって。

No.136
牛こま照りマヨがけ

作りやすい分量（約3食分）

1 袋に牛こま肉300g、片栗粉大3を入れてなじませる。

2 ごま油適量を熱したフライパンでこんがり焼く。

3 醤油・みりん・砂糖各大2、おろしにんにく小1を回しかけて軽く煮詰め、食べるときにマヨ適量をかける。

POINT! 片栗粉をまぶすとカリッと焼ける。しっかり焼き色をつけてから調味料を加えて。

No.137
牛こまとじゃがいもの麺つゆ煮込み風

作りやすい分量（約3食分）

1 容器にじゃがいも4個400g(皮をむいて一口大に切る)、麺つゆ100mℓを入れてなじませ、ラップをして8分チン。

2 牛こま肉150gを加えて混ぜ、再び3分チン。

POINT! 最初に麺つゆと一緒にチンすると、じゃがいもに味がしっかり入る。好みで刻みねぎを。

やる気TIPS
作りおきしたおかずをお弁当に入れるときは、汁気をしっかりきってから。

No.138 牛こまとポテトの中華ソース炒め

作りやすい分量（約3食分）

1 ごま油適量を熱したフライパンで冷凍ポテト200g、牛こま肉300gを炒める。

2 ソース大3、砂糖・鶏ガラの素各小1を加えて混ぜる。

POINT!

冷凍ポテトは凍ったまま投入してOK。いい感じの食感になる。好みで白ごまを。

No.139 牛こまとトマト缶で無水ビーフシチュー

作りやすい分量（約3食分）

炊飯器にカットトマト缶1個400g、玉ねぎ1個（くし形切り）、牛こま肉300g、ビーフシチューのルウ4片を入れて通常炊飯。よく混ぜる。

POINT!

味が全体になじむようにルウは最後にのせる。好みでドライパセリ、生クリームをかけて。

No.140 牛こまとこんにゃくの甘辛煮風

作りやすい分量（約3食分）

1 容器に牛こま肉300g、こんにゃく1枚250g（ちぎる）、醤油・みりん・砂糖各大3を入れてなじませる。

2 ラップをして4分チン。混ぜて再び4分チン。

POINT!

こんにゃくは切るよりちぎると味がよくしみる。七味唐辛子をふっても。

No.141

牛しゃぶえのき

作りやすい分量(約3食分)

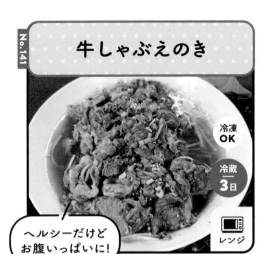

1 耐熱皿にえのき2株(根元を切り落としてほぐす)を入れて牛こま肉300gを上に広げ、麺つゆ大5を回しかける。

2 ラップをして8分チンし、ポン酢適量をかける。

POINT!

肉のうまみがえのきにしみる。ポン酢は食べる直前にかけて。刻みねぎを散らしても。

No.142

牛こまと春雨の中華炒め風

作りやすい分量(約3食分)

1 容器に水200mℓ、焼き肉のたれ大4、ごま油・鶏ガラの素各大1を入れて混ぜる。

2 春雨100g、牛こま肉200gを順に加え、ラップをして3分チン。混ぜて再び3分チン。

POINT!

春雨は乾燥のまま加えて加熱しながら戻し、肉のうまみを吸わせる。白ごま、一味をふっても。

No.143

牛こまとしめじの甘辛炒め

作りやすい分量(約3食分)

1 ごま油適量を熱したフライパンで牛こま肉300g、しめじ1株(ほぐす)を炒める。

2 みりん・味噌各大2、砂糖大1、ラー油小1を加えて炒め合わせる。

POINT!

肉としめじに火が通ったら調味料を全体にからめて。好みで刻みねぎを。

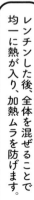

やる気TIPS

レンチンした後、全体を混ぜることで均一に熱が入り、加熱ムラを防げます。

No.144 牛肉とトマトと炒り卵の中華風

作りやすい分量（約3食分）

1 ごま油大2を熱したフライパンで牛こま肉300gを炒める。

2 トマト2個(食べやすく切る)、溶き卵2個分、鶏ガラの素大2、おろしにんにく小1を加えて炒める。

POINT!
牛肉に火が通ったらトマトを加え、煮崩れないようにサッと炒める。好みで白ごまを。

No.145 牛こまと玉ねぎのガリポンあえ

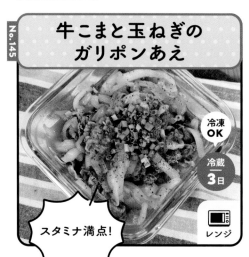

作りやすい分量（約3食分）

1 容器に玉ねぎ1個(くし形切り)、牛こま肉300g、麺つゆ大5、おろしにんにく小1を入れてなじませ、ラップをして8分チン。

2 食べるときにポン酢適量を回しかける。

POINT!
チンする前に全体を混ぜて味をなじませる。ポン酢は食べる直前にかけ、好みで刻みねぎを。

No.146 牛こま肉でねぎ味噌炒め

作りやすい分量（約3食分）

1 フライパンで牛こま肉300gをサッと炒める。

2 火が通ったら刻みねぎ大5、みりん大3、味噌大2、砂糖大1を加えて軽く煮詰める。

POINT!
牛肉から脂が出るので、基本的に油は不要。好みで白ごまをふっても。

No.147

レンジで即席 牛すき焼き風

作りやすい分量（約3食分）

1 容器に糸こんにゃく1袋200g(食べやすく切る)、牛薄切り肉300g、醤油・酒・みりん各大3、砂糖大1を入れて混ぜる。

2 ラップをして6分チン。

POINT!
糸こんにゃくは調味料にしっかり浸して。

No.148

くるくるステーキ

作りやすい分量（約3食分）

1 重ねて広げた牛薄切り肉300gをくるくる巻いて食べやすく切り、片栗粉大2をまぶす。

2 バター10gを熱したフライパンで焼き、醤油大1、おろしにんにく小1を加えて軽く煮詰める。

POINT!
片栗粉をしっかりまぶして肉汁を閉じ込め、表面をサッと焼く。バターは牛脂でもOK。

No.149

チーズイン肉巻きポテトのデミグラス煮込み

作りやすい分量（約3食分）

1 牛薄切り肉300gを広げ、ピザ用チーズ50g、冷凍ポテト200gを等分にのせて巻き、片栗粉大2をまぶす。

2 油適量を熱したフライパンで焼き、ケチャップ・ソース・酒各大2、砂糖大1を加えて軽く煮詰める。

POINT!
牛肉にチーズ、冷凍ポテトを順にのせて巻くとチーズがまとめ役に。ポテトは凍ったままでOK。

やる気TIPS
トマトやきのこなど、うまみの強い食材を使うことで味わい豊かに仕上がります。

No.150

牛しぐれ煮風

作りやすい分量（約3食分）

A 醤油・みりん・酒各大2、砂糖大1、おろししょうが小1

容器に牛薄切り肉300g、Aを入れて混ぜ、ラップをして3分チン。混ぜて再び3分チン。

POINT!

肉を調味料にしっかり浸ししてしっとり仕上げて。白ごまをふっても。

No.151

薄切り肉で肉吸い風

作りやすい分量（約3食分）

A 水600mℓ、麺つゆ100mℓ、しょうゆ大3、酒大1、おろししょうが小1

鍋にAを入れて混ぜ、ひと煮立ちしたら弱火にして牛薄切り肉100g、絹ごし豆腐300g(食べやすく切る)を加え、火を通す。

POINT!

肉がかたくならないように、弱火でじっくり加熱。豆腐はちぎってもおいしい。好みで刻みねぎや七味を。

No.152

焼き肉のたれでユッケジャンスープ風

作りやすい分量（約3食分）

1 **ごま油大2を熱した鍋でニラ1束(食べやすく切る)、もやし1袋を炒める。**

2 **しんなりしたら牛薄切り肉100g、水500mℓ、焼き肉のたれ大5、鶏ガラの素大1、おろしにんにく小1を加え、ひと煮立ちしたら溶き卵2個分を回し入れる。**

POINT!

ニラは調理バサミで切るとラク。白ごまをふっても。

No.153 ねぎ塩だれ焼き肉

作りやすい分量（約3食分）

1 **牛脂1個を熱したフライパンで牛焼き肉用肉300gを焼く。**

2 **刻みねぎ大3、ごま油・酢各大3、鶏ガラの素大2、おろしにんにく小1を混ぜたたれを添え、食べるときにかける。**

POINT! 黒こしょうや一味唐辛子を加えてパンチを効かせても美味。

No.154 さっぱり香味だれかけ焼き肉

作りやすい分量（約3食分）

A | 醤油・酢各大3、ごま油・砂糖各大1、おろしにんにく・おろししょうが各小1

1 **牛脂1個を熱したフライパンで牛焼き肉用肉300gを焼く。**

2 **刻みねぎ大3とAを混ぜ合わせたたれを添え、食べるときにかける。**

POINT! ねぎはできるだけ細かく切ると調味料となじむ。好みで白ごまを。

No.155 味噌だれ焼き肉

作りやすい分量（約3食分）

A | 味噌・みりん各大3、ごま油・砂糖各大1、おろしにんにく小1

1 **牛脂1個を熱したフライパンで牛焼き肉用肉300gを焼く。**

2 **容器にAを入れて混ぜ、1分チンして混ぜる。食べるときにかける。**

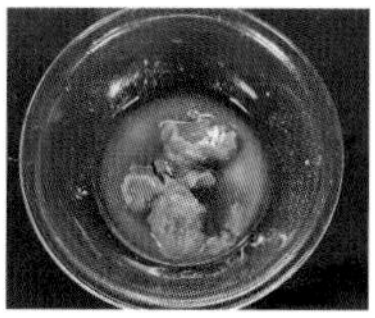

POINT! 調味料はチンした後、よく混ぜ合わせて味噌を溶かすとよい。

やる気TIPS

冷蔵庫の中身はこまめにチェックして、食材の賞味期限が切れていないか確認を。

PART

05

形は自由自在！
ひき肉おかず

パラパラのまま肉そぼろやスープ、キーマカレーに。
丸めてつくねや肉団子、ミートボール、ハンバーグに。
バリエーション豊かなひき肉レシピを紹介します。

No.156

ヤンニョムチーズボール

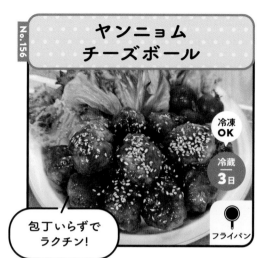

作りやすい分量（約3食分）

1. 袋に豚ひき肉350g、ピザ用チーズ30g、片栗粉大1を入れてもみ混ぜ、食べやすい大きさにまとめる。
2. ごま油大2を熱したフライパンに1を入れ、火が通ってこんがりするまで焼く。
3. 焼き肉のたれ・ケチャップ各大2、砂糖大1を加えて軽く煮詰める。

POINT!

焼いているとき脂が出すぎた場合はペーパーでふいて。好みで白ごまを。

No.157

レンチンシュウマイ

作りやすい分量（約3食分）

A ごま油大2、鶏ガラの素・しょうゆ・砂糖各大1、おろししょうが小1

1. 袋に豚ひき肉350g、Aを入れてもみ混ぜる。
2. 容器に焼売の皮$1/2$袋15枚、1、焼売の皮$1/2$袋15枚の順に敷き詰め、水大5を全体に回しかける。
3. ラップをして7分チン。食べやすい大きさに切る。

POINT!

焼売の皮を広げて並べ、肉だねをサンド。酢醤油やからしをつけてどうぞ。

No.158

タコライス風

作りやすい分量（約3食分）

1. 容器に豚ひき肉350g、ケチャップ大3、ソース大2を入れて混ぜ、カレールウ2片を加える。
2. ラップをして3分チンし、全体を混ぜて再び3分チン。

POINT!

肉だねに調味料をなじませてからルウをのせる。好みで野菜やチーズを。

やる気TIPS

丼を作るときは、具の汁気が加わるため、かためのご飯を使うのがおすすめ。

No.159

なんちゃって
とんかつボール

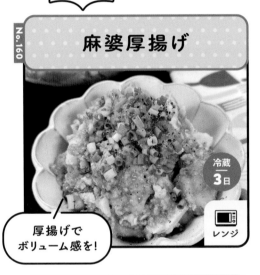

作りやすい分量（約3食分）

1 **豚ひき肉350g**を練り、食べやすい大きさに丸める。

2 **小麦粉適量**、**溶き卵適量**、**パン粉適量**の順にまぶす。

3 **油適量**（5㎜深さ）を熱したフライパンで、2をサッと揚げ焼きにする。

POINT!

こんがり色づくまでころがしながら加熱。ソースをたっぷりかけてどうぞ。

No.160

麻婆厚揚げ

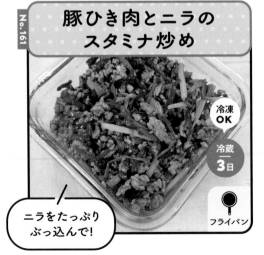

作りやすい分量（約3食分）

A 水100㎖、味噌・鶏ガラの素各大3、ラー油・片栗粉各大1、おろしにんにく小1

1 容器に**豚ひき肉200g**、**A**を入れて混ぜる。

2 **厚揚げ2パック500g**（一口大にちぎる）を1に入れてからめ、ラップをして7分チン。全体を混ぜて再び7分チン。

POINT!

厚揚げは手でちぎると味が入りやすい。仕上げに刻みねぎや黒こしょうを。

No.161

豚ひき肉とニラの
スタミナ炒め

作りやすい分量（約3食分）

A 醤油・みりん各大3、鶏ガラの素・砂糖各大1、おろしにんにく・おろししょうが各小1

1 **ごま油大1**を熱したフライパンで**豚ひき肉350g**をサッと炒める。

2 **ニラ1束**（3～4㎝長さに切る）を1に加え、火が通るまで炒め、**A**を加えてからめる。

POINT!

ニラは調理バサミで切りながら加えるとラク。

No.162

肉団子の甘酢あんかけ風

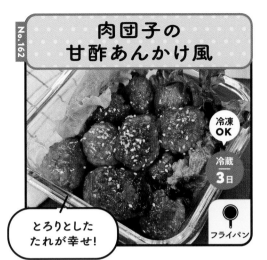

とろりとしたたれが幸せ！

作りやすい分量（約3食分）

1 袋に豚ひき肉350g、片栗粉大1を入れてもみ混ぜ、一口大に丸める。

2 ごま油大1を熱したフライパンで1を火が通ってこんがりするまで焼く。

3 醤油・酢各大3、砂糖大2を加えて軽く煮詰める。

POINT!
ころがしながら全体に焼き色をつける。仕上げに白ごまをふっても。

No.163

豚ひき肉とじゃがいもの甘辛煮風

おいもがホクホク食感！

作りやすい分量（約3食分）

1 容器にじゃがいも4個400g(皮をむいて一口大に切る)、豚ひき肉150g、醤油・みりん・酒・砂糖各大3を入れて混ぜる。

2 ラップをして6分チン。全体を混ぜて再び6分チン。

POINT!
加熱前に調味料と具材をよく混ぜてなじませておくとよい。

No.164

餃子のあんそぼろ

食べれば餃子の味！

作りやすい分量（約3食分）

1 容器に豚ひき肉350g、醤油大3、ごま油・鶏ガラの素・砂糖各大1、おろしにんにく小1を入れて混ぜる。

2 ラップをして3分チン。全体を混ぜて再び3分チン。

POINT!
途中で肉をほぐして加熱ムラを防いで。好みで刻みねぎをふっても。

やる気TIPS
豆腐や厚揚げ、いも類、もやしなどのかさ増し食材を使うと食べごたえがアップ。

No.165

担々肉そぼろ

作りやすい分量（約3食分）

A 醤油大3、ラー油大1、味噌・鶏ガラの素・おろしにんにく各小1

1 **容器に豚ひき肉350g、Aを入れて混ぜる。**

2 **ラップをして3分チン。全体を混ぜて再び3分チン。**

POINT!

加熱前に肉と調味料を混ぜてなじませる。好みで刻みねぎを。

No.166

無水豆乳担々スープ

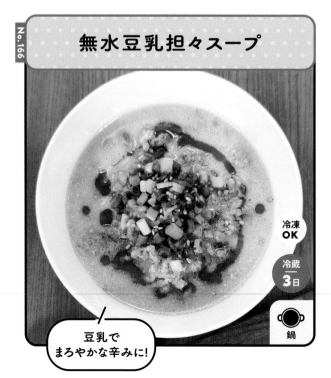

作りやすい分量（約3食分）

1 **鍋にごま油大2を熱し、豚ひき肉200gをサッと炒める。**

2 **豆乳800㎖、焼き肉のたれ・味噌各大2、鶏ガラの素大1、おろしにんにく小1を加えて軽く煮詰め、ラー油適量を回しかける。**

POINT!

豆乳は沸騰すると分離するので注意。仕上げに白ごまや刻みねぎをふると◎。

No.167

トマト缶でレンチンミートソース

作りやすい分量(約3食分)

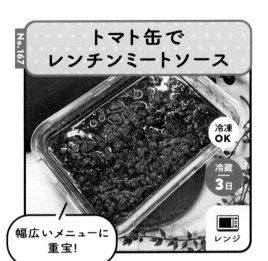

1 容器に合いびき肉350g、カットトマト缶1個400g、ケチャップ・ソース・砂糖各大3、顆粒コンソメ大1、おろしにんにく小1を入れて混ぜる。

2 ラップをして7分チン。全体を混ぜて再び7分チン。

POINT!
ホールトマトの場合はつぶしながらなじませる。ドライパセリをふれば見た目が◎。

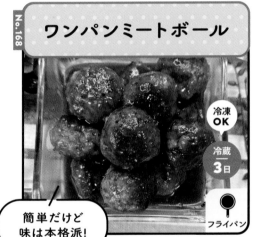

No.168

ワンパンミートボール

作りやすい分量(約3食分)

1 袋に合いびき肉350g、片栗粉大1を入れてもみ混ぜ、一口大の団子状にまとめる。

2 油適量を熱したフライパンで1を火が通るまで焼く。

3 ケチャップ・ソース・酒各大3、砂糖大1を加えて軽く煮詰める。

POINT!
ころがしながら調味料をよくからめる。好みでドライパセリをふって。

No.169

レンジでキーマカレー

作りやすい分量(約3食分)

容器に玉ねぎ1個(みじん切り)、合いびき肉350g、カレールウ4片、バター20gを入れ、ラップをして6分チン。全体を混ぜて再び6分チン。

POINT!
途中でよく混ぜてルウとバターを溶かす。ご飯にのせ、好みでドライパセリを。

やる気TIPS
レンジ加熱時にラップをするときは、蒸気の逃げ道を作るようにふんわりと。

No.170 ビビンバ風そぼろ

作りやすい分量（約3食分）

1 容器に合いびき肉350g、焼き肉のたれ大3、ごま油大1、砂糖・鶏ガラの素各大½を入れて混ぜる。

2 ラップをして3分チン。全体を混ぜて再び3分チン。

POINT! 焼き肉のたれで味が決まる。仕上げに白ごまをふっても。

No.171 ひとくち煮込みチーズインハンバーグ

作りやすい分量（約3食分）

1 容器にケチャップ・ソース・酒各大3、砂糖大1を入れて混ぜる。

2 合いびき肉350gを一口大に分け、ピザ用チーズ50gを等分して中に入れて丸める。

3 1に2を加えてからめ、ラップをして3分チン。返して再び3分チン。

POINT! 小さめに作るとお弁当にも便利。ソースを肉にからめてから加熱。

No.172 皮なしひとくちニラ餃子

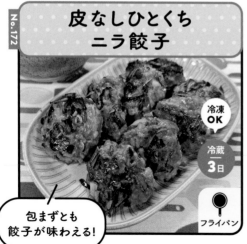

作りやすい分量（約3食分）

1 袋にニラ1束(刻む)、合いびき肉350g、片栗粉・鶏ガラの素・醤油各大1、おろししょうが小1を入れ、もみ混ぜる。

2 ごま油大2を熱したフライパンに一口大に丸めた1を並べ入れ、火が通るまで焼く。

POINT! ニラは調理バサミで切るとラク。酢醤油やラー油をかけても美味。

No.173

ズボラひき肉グラタン

作りやすい分量(約3食分)

1 容器に合いびき肉350g、シチュールウ3片を入れ、ラップをして6分チン。

2 全体を混ぜ、ピザ用チーズ50gを散らし、ラップをして2分チン。

POINT!
シチュールウで調味が簡単。トースターで5分ほど加熱して焦げ目をつけても。

No.174

ピリ辛スタミナそぼろ

作りやすい分量(約3食分)

1 容器に合いびき肉350g、焼き肉のたれ大5、ラー油大1、おろしにんにく小1を入れて混ぜる。

2 ラップをして3分チン。全体を混ぜて再び3分チン。

POINT!
加熱前に調味料をよくなじませて。仕上げに白ごまをふっても。

No.175

ズボラチーズインメンチカツ

作りやすい分量(約3食分)

1 合いびき肉350gを練って一口大に分け、ピザ用チーズ50gを等分して中に入れて丸める。

2 1にパン粉適量をまぶし、油適量を熱したフライパンで両面をじっくり火が通るまで焼く。

POINT!
パン粉はぎゅっと握ってしっかりまとわせる。好みでソースをかけて。

やる気TIPS
食材やおかずを冷凍するときは、劣化を防ぐために袋の空気をしっかり抜いて。

No.176 巻かない ロールキャベツ風

食べたら ロールキャベツ そのもの!

作りやすい分量（約3食分）

1 容器にキャベツ⅛個(大きめにちぎる)、合いびき肉350gを層になるよう順に重ねる。

2 顆粒コンソメ大1を全体に回しかけ、ラップをして6分チン。

POINT!
容器にキャベツ、ひき肉を交互に入れる。好みで食べやすい大きさに切り分けて。

No.177 ひき肉とポテトの チーズ焼き

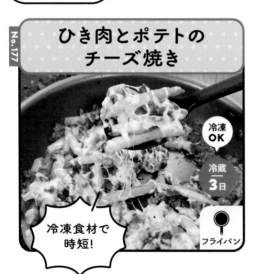

冷凍食材で 時短!

作りやすい分量（約3食分）

1 フライパンに油をひかずに合いびき肉350g、冷凍ポテト200g、顆粒コンソメ大1を入れて火が通るまでサッと炒める。

2 ケチャップ・ソース各大2、砂糖大1を加えてなじませる。

3 弱火にしてピザ用チーズ50gを散らし、とろけてきたら火を止める。

POINT!
冷凍ポテトは凍ったまま加えてOK。チーズはふたをすると早く溶ける。

ご飯のおともや トッピングに!

No.178 肉味噌風

作りやすい分量（約3食分）

1 フライパンにごま油大1を熱し、合いびき肉350gをサッと炒める。

2 味噌大3、砂糖大1、おろしにんにく・おろししょうが各小1を加えて軽く煮詰める。

POINT!
肉に火が通ったら調味料を加えて。最後に白ごまをふっても美味。

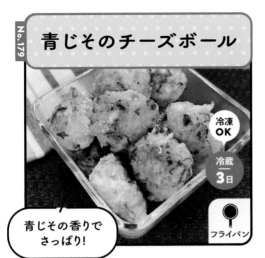

No.179

青じそのチーズボール

青じその香りでさっぱり!

作りやすい分量（約3食分）

1 袋に鶏ひき肉350g、青じそ５枚(ちぎる)、ピザ用チーズ50g、片栗粉・鶏ガラの素各大１を入れ、もみ混ぜる。

2 ごま油適量を熱したフライパンに１を一口大に丸めて並べ、両面をカリッと焼く。

POINT!
チーズが溶けてこんがり焼き色がつくまで焼く。

No.180

豆腐入りナゲット

外はカリッと中はふわふわ!

作りやすい分量（約3食分）

1 袋に鶏ひき肉300g、絹ごし豆腐300g、卵２個、片栗粉大５、鶏ガラの素大１を入れてもみ混ぜる。

2 フライパンに油適量を熱し、１を一口大にまとめて入れ、両面をカリッと焼く。

POINT!
成形は袋から絞り出すとラク。好みでケチャップを添えて。

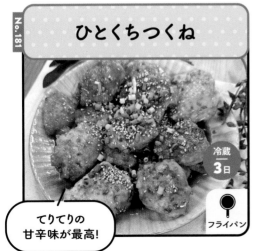

No.181

ひとくちつくね

てりてりの甘辛味が最高!

作りやすい分量（約3食分）

1 袋に鶏ひき肉350g、絹ごし豆腐150g、片栗粉大５、鶏ガラの素大１、おろししょうが小１を入れ、もみ混ぜる。

2 油適量を熱したフライパンに１を一口大に丸めて並べ、火が通るまで両面を焼く。

3 醤油・みりん・酒各大３、砂糖大１を加えて軽く煮詰める。

POINT!
両面に焼き色がついたら調味料を加えて。好みで刻みねぎや白ごまを。

やる気TIPS

余った豆腐は、乾燥や雑菌繁殖、形崩れを防ぐために新しい水に浸して保存を。

No.182

鶏ひきハンバーグ

むね肉を使えばヘルシー！

作りやすい分量（約3食分）

1 袋に鶏ひき肉350g、片栗粉大1を入れてもみ混ぜる。

2 1を食べやすい大きさに分けて小判形にし、油適量を熱したフライパンに並べて火が通るまで両面を焼く。

3 ケチャップ・ソース・酒各大3、砂糖大1を加えて軽く煮詰める。

POINT!
両面に焼き色をつけたら調味料を加えて。最後にドライパセリをふるのがおすすめ。

No.183

鶏肉チーズガレット

カリカリ食感がたまらない！

作りやすい分量（約3食分）

1 袋に鶏ひき肉350g、片栗粉・鶏ガラの素各大1、ピザ用チーズ50gを入れ、もみ混ぜる。

2 1を小さめの円形にまとめ、油適量を熱したフライパンに並べて両面をカリッと焼く。

POINT!
チーズが溶けて香ばしい焼き色がつくまで焼いて。むね肉ならヘルシー。

No.184 チーズチキンボールのトマト煮風

作りやすい分量（約3食分）

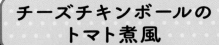

1. 袋に鶏ひき肉350g、片栗粉大1を入れてもみ混ぜ、一口大に丸める。
2. 耐熱皿にカットトマト缶1個400g、顆粒コンソメ大2を入れて混ぜ、1を加える。
3. ラップをして4分チン。上下を返し、ピザ用チーズ30gを散らして再び4分チン。

POINT! ホールトマトの場合はつぶしながら混ぜて。好みでドライパセリをふって。

No.185 鶏団子のクリーム煮風

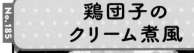

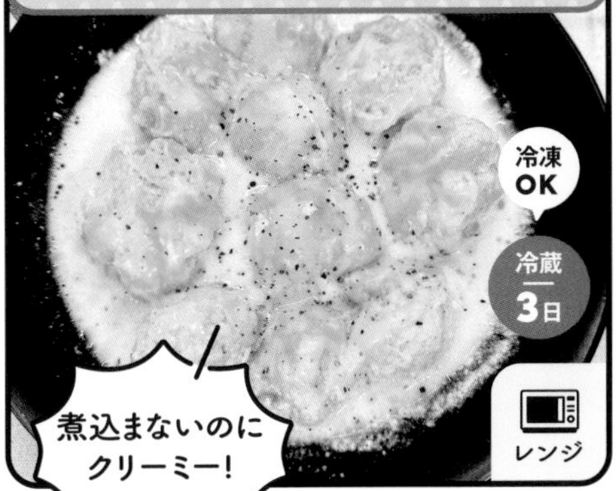

作りやすい分量（約3食分）

1. 袋に鶏ひき肉350g、片栗粉大1を入れてもみ混ぜ、一口大に丸める。
2. 耐熱皿に水100mℓ、顆粒コンソメ大1を入れて混ぜ、1を加える。
3. ラップをして4分チン。上下を返し、ピザ用チーズ30gを散らして再び2分チン。
4. 別の容器に牛乳100mℓを入れて1分チンし、3に回しかける。

POINT! 牛乳は分離しないように最後に加熱。黒こしょうをたっぷりふるとgood。

No.186 鶏団子のさっぱり煮風

作りやすい分量（約3食分）

1. 袋に鶏ひき肉350g、片栗粉・鶏ガラの素各大1、おろししょうが小1を入れてもみ混ぜ、一口大に丸めて容器に入れる。
2. 麺つゆ50mℓを回しかけ、ラップをして3分チン。上下を返して再び3分チン。食べる直前にポン酢適量を回しかける。

POINT! 容器に肉団子を入れたら麺つゆを全体にかけて。刻みねぎや白ごまが合う。

やる気TIPS

粘度が高いものや油脂が多いものは、チンすると突沸の恐れがあるので注意して。

No.187

鶏のあんそぼろ風

作りやすい分量（約3食分）

1 容器に酒・醤油各大5、おろししょうが大2、水200mℓを入れてよく混ぜる。

2 鶏ひき肉350gを加えてあえ、ラップをして8分チン。

3 片栗粉・水各大2を混ぜ、2に加えて混ぜる。

POINT!

水溶き片栗粉を加えたらとろみがつくまで混ぜる。好みで刻みねぎを。

No.188

たぬきつくね

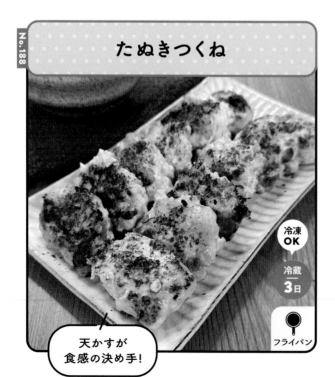

作りやすい分量（約3食分）

1 袋に鶏ひき肉350g、麺つゆ大3、片栗粉大1、天かす大5を入れ、もみ混ぜる。

2 1を一口大に丸め、ごま油適量を熱したフライパンに並べて火が通るまで両面を焼く。青のり適量をふる。

POINT!

天かすがはがれないように押さえながら成形して。

PART

06

ご飯がどんどんすすむ！

魚介おかず

肉中心になりがちな方は、作りおきで魚を食べる習慣を。
扱いやすい素材を選び、レンジを多用した簡単レシピばかり。
しっかりめの味つけだから、ご飯にもお酒にも合います。

No.189

鮭のズボラ ひとくちフライ

作りやすい分量（約3食分）

1 袋に鮭3切れ(食べやすい大きさに切る)、マヨ大2を入れてもみ込む。

2 別の袋にパン粉適量と1を入れてぎゅっと握り、全体にまとわせる。

3 油適量(2㎜深さ)を熱したフライパンでサッと揚げ焼きにする。

POINT!

鮭の皮は好みで取っても。マヨがのりとなり、パン粉が定着。

No.190

鮭の甘辛煮風

作りやすい分量（約3食分）

1 袋に鮭3切れ(食べやすい大きさに切る)、片栗粉大1を入れてふり、全体にまぶす。

2 容器に醤油・みりん・酒各大2、砂糖大1を入れて混ぜ、1を加えてからめる。

3 ラップをして2分チン。上下を返して再び2分チン。

POINT!

加熱前に鮭と調味料をよくからめて。白ごまをふると◎。

No.191

鮭フレーク

作りやすい分量（約3食分）

1 容器に鮭3切れ、酒大3、塩3つまみを入れてからめ、ラップをして4分チン。

2 汁気をきり、皮と骨を取ってほぐし、ごま油大1とあえる。

POINT!

塩鮭を使用する場合は塩を加えなくてOK。好みで白ごまを。

No.192 鮭のバタームニエル風

作りやすい分量（約3食分）

1 袋に鮭3切れ（食べやすい大きさに切る）、小麦粉大1を入れてふり、全体にまぶす。

2 バター20gを溶かしたフライパンで1を両面焼き、醤油大1を回しかける。

POINT!
小麦粉をまぶすと水分が逃げず、ジューシーに。

No.193 鮭の竜田揚げ風ヤンニョムソースがけ

作りやすい分量（約3食分）

1 袋に鮭3切れ（食べやすい大きさに切る）、片栗粉大2を入れてふり、全体にまぶす。

2 ごま油大3を熱したフライパンで1をカリッと焼く。

3 焼き肉のたれ・ケチャップ各大2、砂糖大1を加えて軽く煮詰める。

POINT!
好みでコチュジャンやラー油、一味を加えても。最後に白ごまを。

No.194 鮭の味噌マヨホイル焼き

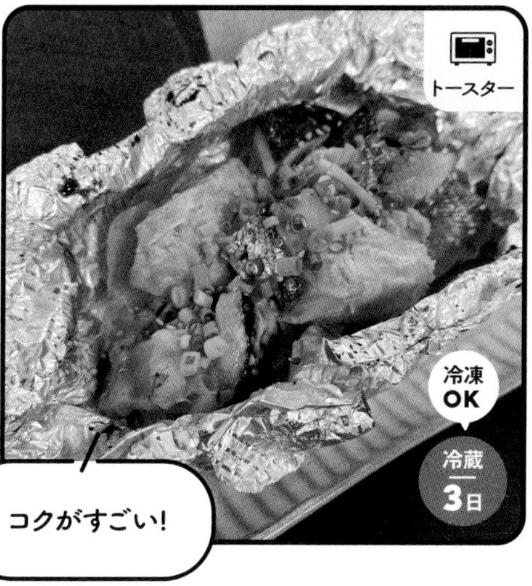

作りやすい分量（約3食分）

1 袋に鮭3切れ（食べやすい大きさに切る）、味噌・マヨ・みりん各大1を入れてもみ混ぜる。

2 1をアルミ箔で包み、トースターで15分焼く。

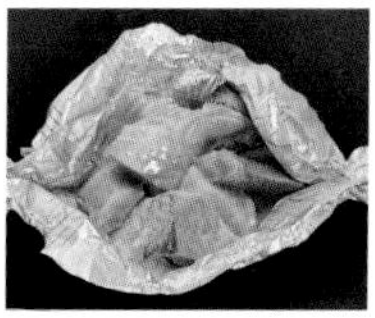

POINT!
アルミ箔に鮭をのせて折り込み、左右をねじる。白ごまや刻みねぎをかけても。

やる気TIPS
魚おかずが主菜のときは、食べごたえのある副菜を合わせると満足感がアップ。

No.195

鮭のチーズグラタン

作りやすい分量（約3食分）

1 容器に鮭3切れ(食べやすい大きさに切る)、牛乳・水各大5、シチュールウ2片を入れ、ラップをして4分チン。

2 全体を混ぜ、ピザ用チーズ50gを散らし、ラップをして2分チン。

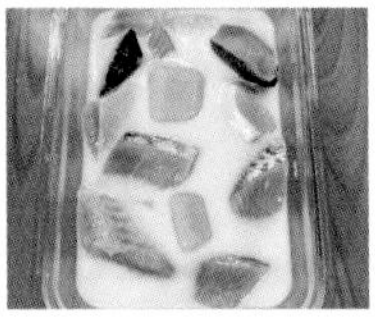

POINT!
加熱後トースターで2分焦げ目をつけても。好みでドライパセリを。

No.196

あじのマリネ

作りやすい分量（約3食分）

1 袋にあじ(頭、内臓やえらなどを取ったもの)300g、片栗粉大1を入れてふり、全体にまぶす。

2 オリーブ油適量を熱したフライパンで 1 を焼く。

3 容器に酢大4、砂糖大2、醤油大1を入れて混ぜ、2 を加えてからめる。

POINT!
あじが熱いうちに調味料に漬けて。粗熱が取れたら冷蔵庫へ。すぐに食べてもOK。

No.197

あじフライ

作りやすい分量（約3食分）

1 袋にあじ(頭、内臓やえらなどを取ったもの)300g、マヨ大3を入れてもみ込む。

2 別の袋にパン粉大3と 1 を入れてぎゅっと握り、全体にまぶす。

3 油大3を熱したフライパンで2 をカリッと焼く。

POINT!
マヨが卵代わりになり、パン粉がくっつく。

No.198 あじの南蛮漬け

漬け込む必要ナシ!

作りやすい分量（約3食分）

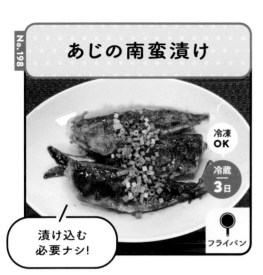

1 袋にあじ（頭、内臓やえらなどを取ったもの）300g、片栗粉大2を入れてふり、全体にまぶす。

2 油大3を熱したフライパンで1を火が通るまで焼く。

3 酢・醤油・みりん各大2、砂糖大1を加えて軽く煮詰める。

POINT!
あじに火が通ったら調味料を加えて。好みで刻みねぎを。

No.199 さんまの蒲焼き

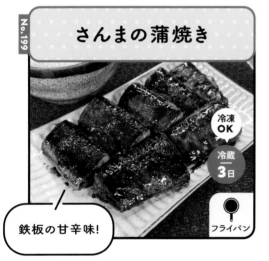

鉄板の甘辛味!

作りやすい分量（約3食分）

1 袋にさんま（下処理済み）3尾（食べやすく切る）、小麦粉大1を入れてふり、全体にまぶす。

2 油適量を熱したフライパンで1を火が通るまで焼く。

3 醤油・みりん・砂糖各大2を加えて軽く煮詰める。

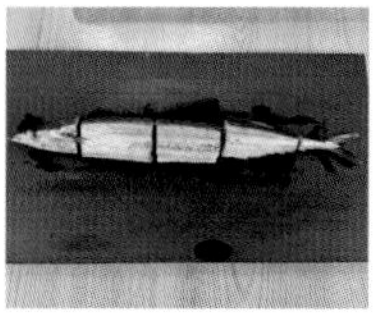

POINT!
さんまは頭、尻尾、内臓を除いて3等分に切る。あれば仕上げに山椒を。

No.200 さんまのさっぱりしょうが煮風

香りよい和風味

作りやすい分量（約3食分）

1 容器に醤油・酒各大3、砂糖大1、おろししょうが小1を入れて混ぜる。

2 さんま（下処理済み）3尾（食べやすく切る）を加えてからめ、ラップをして2分チン。上下を返して再び2分チン。

POINT!
調味料をよく混ぜてから、さんまをからめて。

やる気TIPS

へらは混ぜる、炒めるなどさまざまな場面で重宝します。お気に入りを見つけて。

No.201 さんまのペッパーオイル漬け

作りやすい分量(約3食分)

1 袋にさんま(下処理済み)3尾(食べやすく切る)、片栗粉大1を入れてふり、全体にまぶす。

2 油大2を熱したフライパンで1を焼く。

3 容器にオリーブ油大6、醤油大3、おろしにんにく小1、黒こしょう適量を入れて混ぜ、2を加えてからめる。

POINT! さんまに火が通るまで焼いたら、熱いうちに調味料にからめて。すぐに食べてもOK。

No.202 タラのムニエル風

作りやすい分量(約3食分)

1 袋にタラ3切れ(食べやすい大きさに切る)、小麦粉大1を入れてふり、全体にまぶす。

2 容器に1とバター30gを入れて醤油大3を回しかけ、ラップをして4分チン。

POINT! 加熱後、好みで黒こしょうをたっぷりかけて。

No.203 タラのマヨチーズホイル焼き

作りやすい分量(約3食分)

1 袋にタラ3切れ(食べやすい大きさに切る)、マヨ大3、顆粒コンソメ小1を入れてもみ混ぜる。

2 アルミ箔に1、ピザ用チーズ30gの順にのせて包み、トースターで15分焼く。

POINT! チーズはタラ全体にかかるよう散らして。黒こしょうをふっても。

No.204

タラの竜田揚げ風

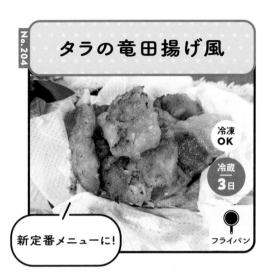

作りやすい分量（約3食分）

1 袋にタラ3切れ(食べやすい大きさに切る)、麺つゆ大3を入れてもみ込む。

2 別の袋に1と片栗粉大3を入れてふり、全体にまぶす。

3 油大5を熱したフライパンで揚げ焼きにする。

POINT!

多めの油でカリッと揚げ焼きにすれば手軽。

No.205

タラの照り焼き風

作りやすい分量（約3食分）

1 袋にタラ3切れ(食べやすい大きさに切る)、片栗粉小1を入れてふり、全体にまぶす。

2 容器に醤油・みりん・砂糖各大3を入れて混ぜ、1を加えてからめる。

3 ラップをして4分チン。

POINT!

片栗粉をまぶすと調味料がよくからみ、たれにとろみがつく。

No.206

タラのケチャップ煮

作りやすい分量（約3食分）

1 容器にケチャップ・ソース・酒各大3、砂糖大1を入れて混ぜ、タラ3切れ(食べやすい大きさに切る)を加えてからめる。

2 ラップをして5分チン。

POINT!

最初に調味料をよく混ぜてからタラを加えて。

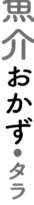

やる気TIPS

冷凍保存するときは、なるべく薄く平らにすることで味や食感が損なわれません。

No.207

チーズとタラで和風味噌グラタン

作りやすい分量（約3食分）

1 容器に牛乳・水各大3、味噌大1を入れて混ぜる。

2 タラ3切れ（食べやすい大きさに切る）、シチュールウ2片を加え、ラップをして3分チン。

3 全体を混ぜ、ピザ用チーズ50gを散らし、ラップをして1分半チン。

POINT!

仕上げにトースターで2分加熱して焦げ目をつけても。好みでドライパセリを。

No.208

タラのガーリックポン酢ソテー

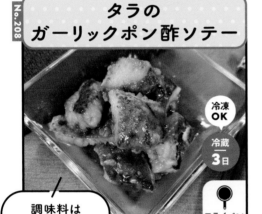

作りやすい分量（約3食分）

1 袋にタラ3切れ（食べやすい大きさに切る）、おろしにんにく小1を入れてもみ込む。

2 小麦粉大2を加えてふり、全体にまぶす。

3 油大3を熱したフライパンでカリッと焼き、ポン酢大3を回しかける。

POINT!

にんにくで香りをつけてから焼き、焼き色がついたらポン酢を加えて。

No.209

びんちょうマグロの竜田揚げ

作りやすい分量（約3食分）

1 袋にびんちょうマグロまたはめかじき300g（一口大に切る）、焼き肉のたれ大3を入れてもみ込む。

2 片栗粉大5を加えてふり、全体にまぶす。

3 油大3を熱したフライパンで焼く。

POINT!

片栗粉をまぶすとうまみが逃げずカリッと焼ける。

No.210 びんちょうマグロのピカタ風

作りやすい分量（約3食分）

1 袋にびんちょうマグロまたはめかじき300g（一口大に切る）、片栗粉大2、鶏ガラの素小1を入れてふり、全体にまぶす。

2 溶き卵1個分に1をくぐらせ、油適量を熱したフライパンで焼く。

POINT! 余った卵液はそのまま卵焼きにしても。

No.211 びんちょうマグロとアボカドのわさびマヨあえ

作りやすい分量（約3食分）

1 油適量を熱したフライパンでびんちょうマグロまたはめかじき300g（1cm角に切る）を焼く。

2 ボウルに1、アボカド1個（1cm角に切る）、マヨ・醤油各大3、練りわさび大1を入れてあえる。

POINT! 形が崩れないようにやさしく混ぜて。好みで白ごまを。

No.212 びんちょうマグロの照り焼き風

作りやすい分量（約3食分）

1 油適量を熱したフライパンでびんちょうマグロまたはめかじき300g（一口大に切る）を火が通るまで焼く。

2 醤油・みりん各大3、砂糖大1を加えて軽く煮詰める。

POINT! 調味料が全体にからんで照りが出たらOK。

やる気TIPS
作りおきメニューでも、器や盛りつけ方を変えるなど、飽きずに楽しめる工夫を。

No.213 びんちょうマグロの角煮風

作りやすい分量（約3食分）

A | 醤油・酒・みりん・砂糖各大3、おろししょうが大1

1 容器にAを入れて混ぜ、**びんちょうマグロまたはめかじき300g**（一口大の角切りにする）を加えてからめる。

2 ラップをして2分チン。混ぜて再び2分チン。

POINT! 仕上げに刻みねぎをふっても。

No.214 マグロフレーク

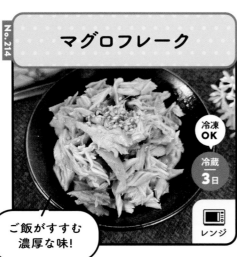

作りやすい分量（約3食分）

1 容器に焼き肉のたれ・ごま油各大3、醤油・おろしにんにく各大1を入れて混ぜる。

2 **びんちょうマグロまたはめかじき300g**を加えてからめる。

3 ラップをして5分チンし、フレーク状にほぐす。

POINT! ほぐすときはフォークを2本使えば簡単。白ごまをふっても。

No.215 ツナフレーク

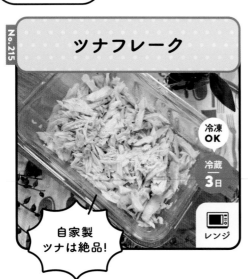

作りやすい分量（約3食分）

1 容器に**びんちょうマグロまたはめかじき300g**と酒大2を入れてあえる。

2 ラップをして5分チンし、軽く汁気をきってフレーク状にほぐす。

3 オリーブ油大5、塩こしょう小1を加えて混ぜる。

POINT! ほぐすときはフォークを2本使えば簡単。

No.216 麺つゆぶり大根

作りやすい分量（約3食分）

1 炊飯釜に麺つゆ250mℓ、おろししょうが大1を入れて混ぜ、ぶり3切れ（一口大に切る）、大根½本（1.5cm幅の半月切り）を加えて通常炊飯。

2 全体を混ぜ、10分保温する。

POINT! 材料を入れて放っておくだけだから簡単。

No.217 ぶりの塩から揚げ

作りやすい分量（約3食分）

1 袋にぶり3切れ（食べやすい大きさに切る）、片栗粉大2、塩小1を入れてふり、全体にまぶす。

2 油適量（2mm深さ）を熱したフライパンで揚げ焼きにする。

POINT! 全体にしっかり片栗粉と塩をまぶして。

No.218 ぶりの甘味噌焼き

作りやすい分量（約3食分）

1 袋にぶり3切れ（食べやすい大きさに切る）、片栗粉大2を入れてふり、全体にまぶす。

2 油大2を熱したフライパンで1をカリッと焼く。

3 みりん大2、味噌・砂糖各大1を加えて軽く煮詰める。

POINT! 味噌が焦げないように火加減を注意して。白ごまをたっぷりふっても。

やる気TIPS

揚げもののときにふたをするのは、温度が上がって発火する恐れがあるのでNG。

No.219 ぶりそぼろ

作りやすい分量（約3食分）

1 容器に酒・醤油・みりん・砂糖各大1、おろししょうが小1を入れて混ぜ、ぶり3切れを加えてからめる。

2 ラップをして5分チン。皮と骨を取ってほぐす。

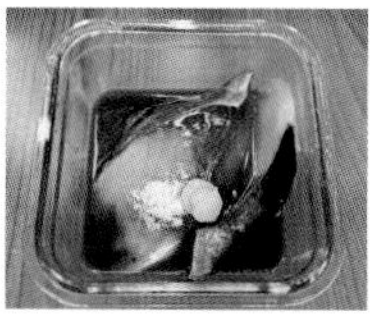

POINT!
ぶりは大きければ食べやすく切ってから容器へ。好みで刻みねぎを。

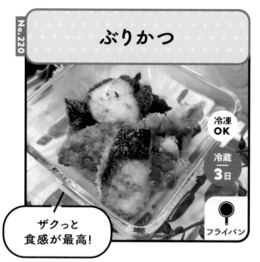

No.220 ぶりかつ

作りやすい分量（約3食分）

1 袋にぶり3切れ（食べやすい大きさに切る）、マヨ大1を入れてもみ込む。

2 別の袋にパン粉適量と1を入れてぎゅっと握り、全体にまぶす。

3 油適量（2㎜深さ）を熱したフライパンで2を揚げ焼きにする。

POINT!
両面がこんがりきつね色になるまで揚げ焼きに。

No.221 さばのチーズムニエル

作りやすい分量（約3食分）

1 袋にさば3切れ（一口大に切る）、小麦粉・粉チーズ各大1を入れてふり、全体にまぶす。

2 バター20gを溶かしたフライパンで1をカリッと焼く。

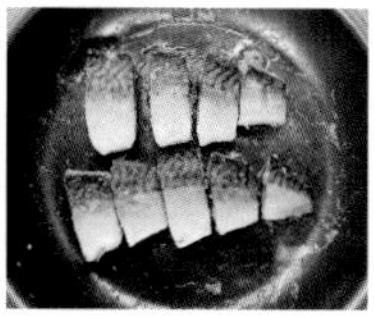

POINT!
チーズに焦げ目がつき、香ばしく焼ける。好みで黒こしょうを。

No.222

さばの味噌煮

作りやすい分量（約3食分）

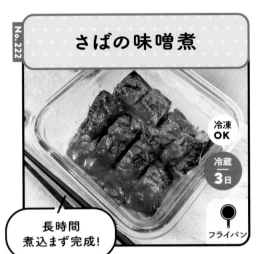

1 フライパンに麺つゆ・水各150mℓ、味噌大3、砂糖・おろししょうが各大2を入れて混ぜる。

2 さば3切れ（食べやすい大きさに切る）を1に加え、からめる。

3 火にかけ、ふたをして5分煮たら、上下を返し、ふたをせずに弱火で5分煮る。

POINT!

ふたがなければアルミ箔で落としぶたにしてもOK。

No.223

さばの磯辺揚げ

作りやすい分量（約3食分）

1 袋にさば3切れ（食べやすい大きさに切る）、水大3、小麦粉大2、青のり小1を入れてふり、全体にまぶす。

2 油大5を熱したフライパンで1を揚げ焼きにする。

POINT!

青のりが全体に行き渡るようにまぶして。

No.224

さばの蒲焼き

作りやすい分量（約3食分）

1 袋にさば3切れ（食べやすい大きさに切る）、小麦粉大1を入れてふり、全体にまぶす。

2 油大1を熱したフライパンで1を火が通るまで焼き、醤油・みりん・砂糖各大2を加えて軽く煮詰める。

POINT!

両面をカリッと焼いたら、調味料を加えてからめる。

やる気TIPS

ふたは具材の中まで火を通したいときや水分を減らしたくないときに使って。

No.225

さばのトマト缶煮

作りやすい分量(約3食分)

1. 容器にカットトマト缶1個400g、顆粒コンソメ大2を入れて混ぜる。
2. さば3切れ(食べやすい大きさに切る)を加えてからめ、ラップをして6分チン。

POINT!

ホールトマトの場合はつぶしながら混ぜて。好みで粉チーズやドライパセリを。

No.226

さばフレーク

作りやすい分量(約3食分)

1. 容器にさば3切れと酒大3を入れてあえる。
2. ラップをして6分チンし、皮と骨を取ってほぐす。醤油・ごま油各大1を加えて混ぜる。

POINT!

フォークなどで好みの大きさにほぐして。白ごまをふるのもおすすめ。

No.227

さばの味噌ソース焼き

作りやすい分量(約3食分)

1. 袋にさば3切れ(食べやすい大きさに切る)、片栗粉大1を入れてふり、全体にまぶす。
2. ごま油大3を熱したフライパンで1をカリッと焼き、みりん大3、ソース大2、味噌・砂糖各大1を加えて軽く煮詰める。

POINT!

調味料は混ぜ合わせてから加えるとスムーズ。白ごまをたっぷりふっても。

No.228 イカのバター醤油

作りやすい分量（約3食分）

1. 容器にイカ(カット済みのもの)300g、醤油大2、おろしにんにく小1を入れて混ぜる。
2. バター20gをのせ、ラップをして4分チン。

POINT!

加熱後、よく混ぜてバターを全体になじませて。

No.229 イカキムチ炒め

作りやすい分量（約3食分）

1. ごま油大1を熱したフライパンで、イカ(カット済みのもの)300gを火が通るまで炒める。
2. キムチ100g、鶏ガラの素小1を加えてサッと炒める。

POINT!

イカに火を通したらキムチと鶏ガラの素で調味。白ごまをふっても。

No.230 ねぎ塩イカ炒め

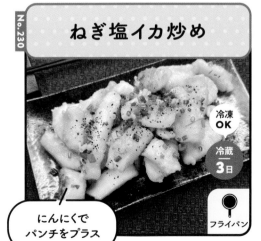

作りやすい分量（約3食分）

1. 袋にイカ(カット済みのもの)300g、片栗粉大3を入れてふり、全体にまぶす。
2. ごま油大2を熱したフライパンで1を火が通るまで炒める。
3. 酢大2、鶏ガラの素大½、おろしにんにく小1、刻みねぎ大2を加えてサッと炒める。

POINT!

イカに火を通したら調味料を加えて。黒こしょうをふるのもおすすめ。

やる気TIPS

買い物に行く前に冷蔵庫の中をチェックしておけば、無駄な買い物を減らせます。

No.231

イカの甘い煮つけ風

作りやすい分量(約3食分)

1 容器に醤油・砂糖各大2、みりん・酒各大1を入れて混ぜ、イカ(カット済みのもの)300gを加えてあえる。

2 ラップをして2分チン。上下を返して再び2分チン。

POINT! イカに切り目を入れると味がからみやすくなる。好みで刻みねぎや白ごまを。

No.232

イカのマリネ

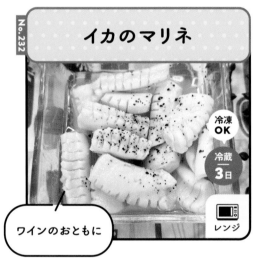

作りやすい分量(約3食分)

1 容器にイカ(カット済みのもの)300gと酒大2を入れてあえる。

2 ラップをして4分チンし、汁気をきる。

3 酢・オリーブ油各大3、砂糖大1、塩小1を加えて混ぜる。

POINT! 時間をおかず、すぐに食べてもOK。好みで黒こしょうを。

No.233

たこのユッケ風炒め

作りやすい分量(約3食分)

1 ごま油大2を熱したフライパンでゆでだこ300g(食べやすい大きさに切る)をサッと炒める。

2 焼き肉のたれ大2、醤油大1を加えて軽く煮詰める。

POINT! たこはゆでてあるので軽く炒めればOK。好みで白ごまをふっても。

No.234 たこのから揚げ

作りやすい分量（約3食分）

1 袋にゆでだこ300g（食べやすい大きさに切る）、焼き肉のたれ大3を入れてもみ込む。

2 片栗粉大5を加えてふり、全体にまぶす。

3 油適量（5㎜深さ）を熱したフライパンで、2をサッと揚げ焼きにする。

POINT! 片栗粉をまぶしてうまみを閉じ込め、カリッと仕上げる。

No.235 たこときゅうりのマリネ

作りやすい分量（約3食分）

A｜オリーブ油大3、酢・砂糖各大2、醤油大1、塩小1

容器にゆでだこ150g（食べやすい大きさに切る）、きゅうり1本（一口大の乱切り）、Aを入れて混ぜる。

POINT! 時間をおかず、すぐに食べてもOK。好みで黒こしょうをふっても美味。

No.236 たこの甘辛煮

作りやすい分量（約3食分）

1 容器にみりん・酒・醤油各大3、砂糖大1、おろししょうが小1を入れて混ぜ、ゆでだこ300g（食べやすい大きさに切る）を加えてあえる。

2 ラップをして2分チン。全体を混ぜて再び2分チン。

POINT! 途中で混ぜて味をなじませる。好みで白ごまをふると風味がアップ。

やる気TIPS

食材1つだけで作るおかずもおすすめ。その食材の味が充分に味わえます。

No.237

ズボラえびチリ

作りやすい分量（約3食分）

1 袋にむきえび200g、マヨ大3を入れてもみ込む。片栗粉大3を加えてふり、全体にまぶす。

2 天板にアルミ箔を敷き、1を並べてトースターで5分焼き、上下を返して再び5分焼く。

3 ケチャップ・酢・砂糖各大3、ラー油適量を混ぜ、2とあえる。

POINT!
天板にフライパン用ホイルかくしゃくしゃのアルミ箔を敷くとくっつかない。好みで刻みねぎを。

No.238

ガーリックシュリンプ

作りやすい分量（約3食分）

1 袋にむきえび200g、片栗粉大2を入れてふり、全体にまぶす。

2 フライパンにオリーブ油大5、おろしにんにく小1を入れて弱火にかけ、香りが立ってきたら1を火が通るまで中火で焼き、塩少々をふる。

POINT!
にんにくの風味をオイルにつけてからえびをカリッと揚げ焼きに。

No.239

えびのアボカドマヨあえ

作りやすい分量（約3食分）

1 容器にむきえび200gと酒大1を入れてあえ、ラップをして4分チン。

2 1にアボカド1個(一口大に切る)、マヨ大4、醤油大2、練りわさび大1を加えて混ぜる。

POINT!
仕上げに黒こしょうをふるのもおすすめ。

No.240 えびマヨ風のあえもの

作りやすい分量（約3食分）

1 容器にむきえび200gと酒大2を入れてあえ、ラップをして3分チン。

2 軽く汁気をきり、マヨ大3、ケチャップ・砂糖・牛乳各大1を加えてあえる。

POINT! 調味する前に汁気をきって。黒こしょうでスパイシーに仕上げても。

No.241 えびとカルボナーラソースのチーズグラタン

作りやすい分量（約3食分）

1 容器にむきえび200gとパスタ用カルボナーラソース（市販）1人分130gを入れて混ぜ、ラップをして3分チン。

2 全体を混ぜてピザ用チーズ50gをのせ、ラップをして1分チン。

POINT! レンチン後トースターで加熱して焦げ目をつけても。好みで黒こしょうを。

No.242 えびと卵の中華炒め

作りやすい分量（約3食分）

1 ごま油大2を熱したフライパンでむきえび200gをサッと炒める。

2 溶き卵2個分、鶏ガラの素大1を加えて炒め合わせる。

POINT! えびに火が通ったら卵を加えて。好みで刻みねぎや黒こしょうを。

やる気TIPS

解凍したものを再冷凍するのは、雑菌の繁殖や味の悪化につながるのでNG。

No.243 ベビーホタテのバター醤油炒め風

作りやすい分量（約3食分）

1 容器にベビーホタテ(ボイル)250g、酒大1、醤油大2を入れて混ぜる。

2 バター20gをのせ、ラップをして2分チンし、混ぜる。

POINT! バターは上にのせて風味をまとわせる。黒こしょうをふっても。

No.244 ホタテのアヒージョ風

作りやすい分量（約3食分）

1 容器にベビーホタテ(ボイル)6個200g、オリーブ油大2、顆粒コンソメ大1、おろしにんにく小1を入れて混ぜる。

2 ラップをして2分チンし、混ぜる。

POINT! ホタテに調味料をなじませてからチンする。好みで赤唐辛子を加えても。

No.245 ホタテの甘辛煮風

作りやすい分量（約3食分）

1 容器にベビーホタテ(ボイル)6個200g、みりん・酒・醤油各大2、砂糖大1を入れて混ぜる。

2 ラップをして4分チンし、混ぜる。

POINT! 味がしっかり入るようにホタテに調味料をからめてから加熱。白ごまをふっても。

No.246
さばの味噌煮缶で卵とじ

作りやすい分量(約3食分)

1 ごま油大2を熱したフライパンでさば缶(味噌煮)2個400gを炒める。

2 汁気がなくなってきたら溶き卵2個分、鶏ガラの素小1を加えて軽く混ぜ、火を通す。

POINT!

卵がほどよく固まったら火を止めて。刻みねぎや白ごまをふっても。

No.247
ツナカレーグラタン

作りやすい分量(約3食分)

1 容器にツナ缶3個210g、カレールウ1片を入れ、ラップをして2分チン。

2 全体を混ぜてピザ用チーズ30gをのせ、ラップをして1分チン。

POINT!

ツナ缶はオイルごと加えてコクをプラス。ドライパセリをふっても。

No.248
オイルサーディンとクリームチーズのディップ

作りやすい分量(約3食分)

ボウルにオイルサーディン缶2個220g、クリームチーズ100g、マヨ大3、おろしにんにく小1を入れて混ぜる。

POINT!

オイルサーディンは細かくほぐしながら混ぜる。好みでドライパセリを。

やる気TIPS

計量スプーンを使うときは、粉類→液体の順にはかると、粉が付着せず効率アップ。

column 1

焼くだけでおいしい! 調味料漬け

肉

食べるときは、汁気を軽くきり、油を熱したフライパンで炒めるか焼いてください。ステーキ肉や鶏肉は焼いた後、一口大に切って。

No.249 にんにく醤油漬け

作りやすい分量（約3食分）

醤油・酒・砂糖各大3、おろしにんにく・おろししょうが各小1を混ぜ合わせ、保存袋に入れて**豚こま肉300g**を漬け込む。

No.250 味噌漬け

作りやすい分量（約3食分）

みりん大4、味噌・砂糖・醤油各大2、おろしにんにく小1を混ぜ合わせ、保存袋に入れて**豚ロースステーキ肉300g**を漬け込む。

No.251 甘辛だれ漬け

作りやすい分量（約3食分）

しょうゆ・酒・みりん各大3、砂糖大1を混ぜ合わせ、保存袋に入れて**鶏もも肉300g**を漬け込む。

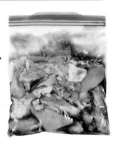

肉や魚を買ってきたら、調味料に漬けた状態で保存しておけば、味がしみしみの絶品おかずに！ 作り方にはおすすめの素材を記載しましたが、他の肉や魚に替えてもOKです。

No.252 ピリ辛だれ漬け

作りやすい分量（約3食分）

醤油大5、酢大3、ラー油大½、おろしにんにく小1を混ぜ合わせ、保存袋に入れて**牛こま肉300g**を漬け込む。

No.253 ミルク漬け

作りやすい分量（約3食分）

牛乳100mℓ、顆粒コンソメ大2、おろしにんにく小1を混ぜ合わせ、保存袋に入れて**鶏もも肉300g**を漬け込む。

No.254 カレー漬け

作りやすい分量（約3食分）

1 容器にカレールウ2片、熱湯大5を入れ、ラップをして1分チンし、ルウを溶かす。
2 マヨ大5、ケチャップ大3、おろしにんにく小1を**1**に加えて混ぜ、保存袋に入れて**鶏むね肉300g**を漬け込む。

column 1

焼くだけでおいしい！ 調味料漬け

魚

食べるときは、汁気を軽くふき、油（油が入っているレシピは不要）を熱したフライパンで焦げないように弱火で焼いてください。

No.255 オイル漬け

作りやすい分量（約3食分）

オリーブ油100㎖、塩小2、おろしにんにく小1、黒こしょう適量を混ぜ合わせ、保存袋に入れて好みの白身魚（カレイ、タラなど）3切れを漬け込む。

冷蔵 3日　冷凍 OK

ワインがすすむ一品に

No.256 酢醤油漬け

作りやすい分量（約3食分）

酒大5、醤油大3、オリーブ油・酢（またはレモン汁）・砂糖各大1を混ぜ合わせ、保存袋に入れて好みの白身魚（カレイ、タラなど）3切れを漬け込む。

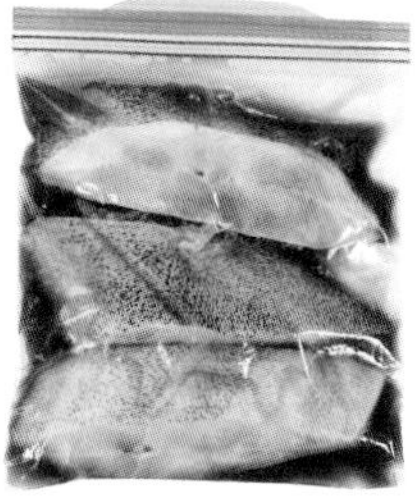

冷蔵 3日　冷凍 OK

さわやかなあと味！

No.257 みりん漬け

作りやすい分量（約3食分）

みりん100㎖、醤油大5、おろししょうが小1、白ごま適量を混ぜ合わせ、保存袋に入れてさば3切れを漬け込む。

冷蔵 3日　冷凍 OK

みりん干しのような味わい

No.258

味噌だれ漬け

作りやすい分量（約3食分）

みりん大5、味噌・砂糖各大2、おろししょうが小1を混ぜ合わせ、保存袋に入れてさば3切れを漬け込む。

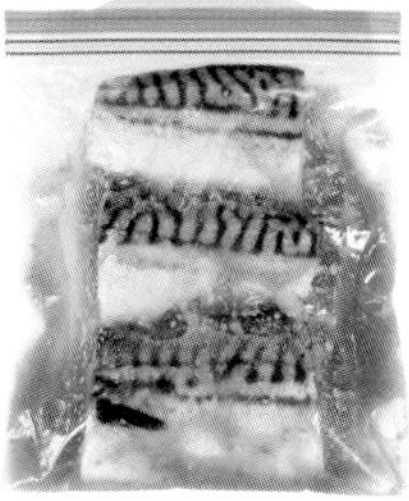

冷蔵 3日

冷凍 OK

甘めの味噌味がしみる!

No.259

ごま油漬け

作りやすい分量（約3食分）

ごま油100mℓ、鶏ガラの素大1、おろしにんにく小1を混ぜ合わせ、保存袋に入れてさば3切れを漬け込む。

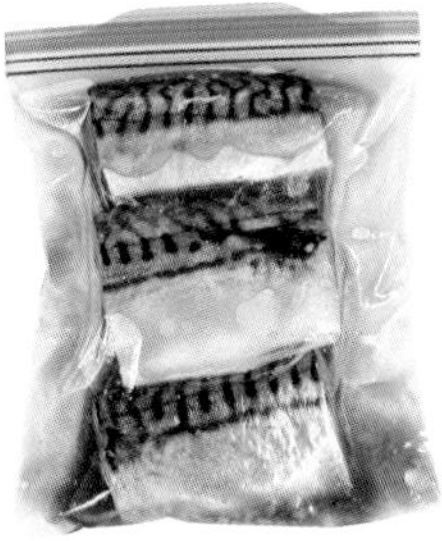

冷蔵 3日

冷凍 OK

ごまの風味が香ばしい

No.260

焼き肉のたれ漬け

作りやすい分量（約3食分）

焼き肉のたれ大5、醤油大3、ごま油・酒各大1、おろしにんにく小1を混ぜ合わせ、保存袋に入れて鮭3切れを漬け込む。

冷蔵 3日

冷凍 OK

パンチのきいた焼き魚に

PART

07

メインにもサブにもなる！

卵＆加工品おかず

卵焼き、オムレツ、漬け卵などの卵レシピと、
ソーセージ、ベーコン、ちくわなどの加工品レシピ。
サッと何か食べたいとき、あと1品欲しいときにあるとうれしい。

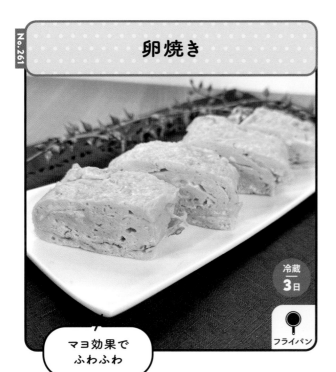

No.261

卵焼き

冷蔵 3日

フライパン

マヨ効果でふわふわ

作りやすい分量(約3食分)

1 ボウルに卵3個、麺つゆ大2、マヨ大1を入れて混ぜる。

2 油適量を熱したフライパン(卵焼き器)に1を適量流し入れて巻く。

3 巻いた卵を端に寄せ、残りの1を数回に分けて注ぎ、そのつど巻いて焼く。

POINT!

巻き終わったら端に寄せ、次の卵液は巻いた卵を持ち上げて下にも流す。

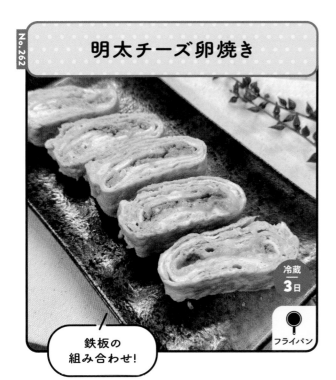

No.262

明太チーズ卵焼き

冷蔵 3日

フライパン

鉄板の組み合わせ!

作りやすい分量(約3食分)

1 ボウルに明太子15g(ほぐす)、マヨ大1、醤油小1を入れて混ぜる。

2 油適量を熱したフライパン(卵焼き器)に溶き卵3個分の適量を注ぎ、半熟になったら1、ピザ用チーズ15gをのせて巻く。

3 巻いた卵を端に寄せ、残りの溶き卵を数回に分けて注ぎ、そのつど巻いて焼く。

POINT!

端に明太子を広げてチーズをのせる。2回目以降は巻いた卵の下にも卵液を流して。

やる気TIPS

使う頻度が少ないものこそ、冷蔵庫の目の届く場所に置いておくのがおすすめ。

No.263 レンジで卵そぼろ

作りやすい分量（約3食分）

1 容器に卵3個、みりん大1、砂糖大½、塩少々を入れて混ぜる。

2 ラップをして1分30秒チン。混ぜて再び1分チンして混ぜる。

POINT! そぼろの大きさは混ぜ方で加減して。

No.264 卵とせん切りキャベツでなんちゃってお好み焼き風

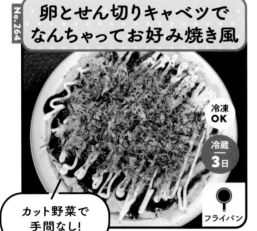

作りやすい分量（約3食分）

1 油適量を熱したフライパンでせん切りキャベツ（市販）1袋150gを炒める。

2 しんなりしたら溶き卵3個分を流し入れ、ピザ用チーズ30gを散らし、両面こんがり焼く。

POINT! 皿にスライドさせてから返すと失敗しない。好みでソースやマヨ、かつお節、青のりを。

No.265 チーズコーンスクランブルエッグ風

作りやすい分量（約3食分）

1 容器に卵3個、マヨ大1を入れて混ぜ、ラップをして2分チン。

2 コーン缶（水煮）100g、牛乳大1、ピザ用チーズ30g、塩少々を加えて混ぜ、ラップをして2分チン。

POINT! マヨネーズを加えることでふわふわの食感に。黒こしょうをふっても。

No.266

ソーセージオムレツ

冷蔵 3日

フライパン

味も見た目も
ゴージャス

作りやすい分量（約3食分）

1 油適量を熱したフライパンでソーセージ６本（１cm幅に切る）を炒める。

2 溶き卵３個分を加えて焼き、オムレツ風に折りたたむ。

POINT!

卵を加えたらかき混ぜ、半熟になり、底面が焼けたら半分にたたむ。

No.267

キムチーズオムレツ

冷蔵 3日

フライパン

チーズで
マイルドに

作りやすい分量（約3食分）

1 溶き卵３個分と鶏ガラの素大１を混ぜ、油適量を熱したフライパンで焼く。

2 半熟になったらキムチ50g、ピザ用チーズ30gをのせ、オムレツ風に折りたたむ。

POINT!

キムチとチーズを包み込むように半分にたたむ。好みで刻みねぎを。

やる気 TIPS

卵やソーセージなど殻や膜があるものはチンすると破裂の恐れがあるので注意。

No.268 レンチンツナ卵サラダ

作りやすい分量（約3食分）

1 容器に卵4個を入れて溶き、ラップをして3分チン。卵が固まる前にほぐし混ぜる。

2 ツナ缶2個140g（油をきる）、マヨ大3、マスタード大1、塩こしょう少々を加えて混ぜる。

POINT!
卵は食感が残る程度にほぐす。マスタードは練りからし小½でも。好みで黒こしょうを。

No.269 レンチンでポテチと卵サラダ

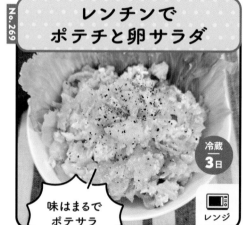

作りやすい分量（約3食分）

1 容器に卵4個を入れて溶き、ラップをして3分チン。卵が固まる前にほぐし混ぜる。

2 マヨ大3、ポテトチップス1袋60gを加えて混ぜる。

POINT!
卵は黄身をつぶすようにして溶く。ポテチはスティックタイプでも美味。好みで黒こしょうを。

No.270 麺つゆで味つけ卵

作りやすい分量（約3食分）

1 沸騰した湯で常温に戻した卵5個を6分ゆで、殻をむく。

2 袋に1、麺つゆ50mℓ、ごま油大1を入れ、一晩おく。

POINT!
卵は水で冷やしながらむくと殻がするっとむける。

No.271

鶏ガラ塩卵

作りやすい分量（約3食分）

1 沸騰した湯で常温に戻した卵5個を6分ゆで、殻をむく。

2 袋にごま油大4、酢・鶏ガラの素各大1、おろしにんにく小1を入れて混ぜ、1を加えて一晩おく。

POINT! 鶏ガラの素をよく溶かしてから卵を加えて。黒こしょうをふっても。

No.272

パスタソースで漬け卵

作りやすい分量（約3食分）

1 沸騰した湯で常温に戻した卵5個を6分ゆで、殻をむく。

2 袋に1、パスタ用ミートソース（市販）2人分260gを入れて一晩おく。

POINT! 粉チーズ、黒こしょう、ドライパセリを加えると、おしゃれなおつまみに。

No.273

香味だれ漬け卵

作りやすい分量（約3食分）

A | 醤油・酢各大5、ごま油・砂糖各大2、おろしにんにく・おろししょうが各小1

1 沸騰した湯で常温に戻した卵5個を6分ゆで、殻をむく。

2 袋に刻みねぎ大5、Aを入れて混ぜ、1を加えて一晩おく。

POINT! 好みで赤唐辛子や白ごまを加えても。

やる気TIPS

買い物リストを作るときは、スーパーで回る売り場順に書いておくとスムーズ。

シンプル・イズ・ベストな味

No.274

ペペロンソーセージ

作りやすい分量（約3食分）

1 フライパンにオリーブ油大1を熱し、おろしにんにく小1を入れて弱火で炒める。

2 ソーセージ6本（食べやすく切る）、赤唐辛子適量（小口切り）を加え、塩こしょう少々をふる。

POINT!
ソーセージはにんにくの香りが出たら中火で炒める。好みで黒こしょうを。

パンチがきいてる!

No.275

ソーセージのスタミナから揚げ風

作りやすい分量（約3食分）

1 袋にソーセージ6本（半分に切る）、焼き肉のたれ大1、おろしにんにく小1を入れてもみ込む。

2 別の袋に片栗粉大1、1を入れてふり、全体にまぶす。

3 油大3を熱したフライパンで揚げ焼きにする。

POINT!
ソーセージは調理バサミで切るとラク。ドライパセリをふっても。

居酒屋風!

No.276

ソーセージとチーズのパリパリ餃子

作りやすい分量（約3食分）

1 餃子の皮8枚にソーセージ8本、スライスチーズ4枚（半分に切る）を等分にのせて包み、端に水適量を塗って閉じる。

2 油大3を熱したフライパンで揚げ焼きにする。

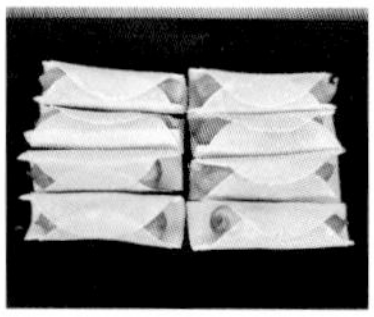

POINT!
チーズ、ソーセージの順にのせて巻く。醤油、酢、ごま油を同量混ぜたたれをかけても美味。

No.277 ソーセージのガーリック醤油炒め

作りやすい分量(約3食分)

バター10gを熱したフライパンでソーセージ6本(1cm幅に切る)、おろしにんにく・醤油各小1を炒める。

POINT! 時間がないときはソーセージを切らなくてもOK。好みで黒こしょうを。

No.278 ベーコンのえのき巻き

作りやすい分量(約3食分)

1 ベーコン5枚でえのき1株(ほぐす)を巻く。

2 容器に並べて麺つゆ大5を回しかけ、ラップをして2分チン。ピザ用チーズ30gをかけて再び2分チン。黒こしょう適量をふる。

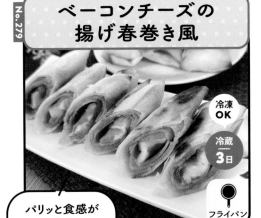

POINT! えのきは5等分に大きくほぐすと巻きやすい。

No.279 ベーコンチーズの揚げ春巻き風

作りやすい分量(約3食分)

1 ベーコン10枚にさけるチーズ5本(半分に裂く)を等分にのせて巻く。

2 春巻きの皮10枚で1を1個ずつ包み、端に水適量を塗って閉じる。

3 油大3を熱したフライパンでパリッと焼く。

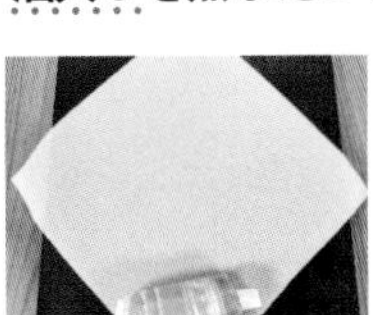

POINT! 皮の手前にベーコン巻きを置いてひと巻きし、左右を折りたたんで巻く。

やる気TIPS
おかずを何品も作れないときは、具だくさんの汁ものやボリューム副菜に頼って。

No.280 ベーコンジャーマンポテト

作りやすい分量(約3食分)

1 容器にじゃがいも2個(一口大に切る)を入れ、ラップをして6分チン。

2 オリーブ油大1を熱したフライパンで厚切りベーコン200g(食べやすく切る)を炒める。

3 1を加え、顆粒コンソメ大2を回しかけて炒める。

POINT!
じゃがいもはチンすると炒め時間の短縮に。ドライパセリをふっても。

No.281 ランチョンミートの照り焼き

作りやすい分量(約3食分)

1 フライパンでランチョンミート1缶340g(サイコロ状に切る)を炒める。

2 醤油・みりん各大2、砂糖大1を回しかけ、軽く煮詰める。

POINT!
ランチョンミートの脂を利用するので油は不要。好みでマヨや刻みのりを。

No.282 フライドランチョンミート

作りやすい分量(約3食分)

1 袋にランチョンミート1缶340g(食べやすく切る)、マヨ大3を入れてなじませる。

2 パン粉大5をまぶして天板に並べ、トースターで6分焼く。返して再び6分焼く。

POINT!
マヨがのり代わりになる。天板にはくしゃくしゃにしたアルミ箔を敷いて。

No.283

きんぴらこんにゃく

作りやすい分量（約3食分）

容器に**こんにゃく1枚**（一口大にちぎる）、**麺つゆ・醤油各大2**、**ごま油大1**、**おろししょうが小1**を入れてなじませ、ラップをして5分チン。

POINT!

こんにゃくはちぎることで味がよくしみる。白ごまをふっても。

No.284

こんにゃくの味噌煮風

作りやすい分量（約3食分）

容器に**こんにゃく1枚**（一口大にちぎる）、**味噌・砂糖・麺つゆ各大1**、**おろししょうが小1**を入れて混ぜ、ラップをして5分チン。

POINT!

加熱前に調味料をなじませておくと味が均一に。好みで刻みねぎや白ごまをふってもおいしい。

やる気TIPS

献立は、こってり、あっさり、さっぱりなどの味つけから考えるのも手です。

No.285 ちくわの磯辺揚げ

作りやすい分量（約3食分）

1 さけるチーズ2本(縦4等分に裂く)をちくわ8本の穴に1本ずつ入れる。

2 袋に1、水・小麦粉各大5、青のり小1を入れてなじませる。

3 油大3を熱したフライパンで揚げ焼きにする。

POINT!
チーズは縦4等分に裂くとちくわの穴にジャストサイズになる。

No.286 ヤンニョムチーズちくわ

作りやすい分量（約3食分）

1 容器にちくわ6本270g(食べやすく切る)、焼き肉のたれ・ケチャップ各大2、ごま油・砂糖各大1を入れて混ぜる。

2 ピザ用チーズ30gをかけ、3分チン。

POINT!
辛いのが好きな人はコチュジャンやラー油を加えても。好みで白ごまを。

No.287 ちくわのバターカレー炒め

作りやすい分量（約3食分）

1 バター20gを熱したフライパンでちくわ6本270g(食べやすく切る)を炒める。

2 火を止めてカレールウ1片を加え、溶かしながらあえる。

POINT!
カレールウは溶けにくければ、弱火にして温めながら溶かして。

No.288
かにかまの マヨネーズあえでサラダ風

作りやすい分量（約3食分）

ボウルにかに風味かまぼこ80g（ほぐす）、マヨ大1、からし小1を入れてあえる。

POINT!
かに風味かまぼこは薄くほぐすと味がよくなじむ。刻みねぎや白ごまをふっても。

No.289
かにかまチーズチヂミ

作りやすい分量（約3食分）

1 袋にかに風味かまぼこ80g（ほぐす）、片栗粉大3、水大5、ピザ用チーズ30gを入れてなじませる。

2 ごま油大3を熱したフライパンに一口大に広げ、両面をカリッと焼く。

POINT!
くっつかないようにフライパンに間隔をあけて広げる。白ごまをふっても。

No.290
かにかまと卵の 即席スープ

作りやすい分量（約3食分）

1 容器にかに風味かまぼこ80g（ほぐす）、水600mℓ、鶏ガラの素大3を入れる。

2 ラップをして6分チン。溶き卵2個分を回しかけ、再び1分チンして混ぜる。ごま油大3をかける。

POINT!
仕上げにごま油をかけて香りよく。好みで刻みねぎや白ごまを。

やる気TIPS
ちくわやかにかまなどの練りものは、うまみがあり、加熱不要で食べられるので便利。

PART 08

副菜やおつまみに!
野菜おかず

副菜を毎日作るのは大変だから、1品でも作りおきがあると便利。
あえもの、サラダ、スープなど、手軽な野菜レシピを集めました。
お弁当の彩りや、晩酌のおともとしても重宝します。

No.291 にんじんしりしり

作りやすい分量（約3食分）

容器ににんじん1本(せん切り)、麺つゆ大2、醤油大½、ごま油・みりん各小1を入れてあえ、ラップをして1分半チン。

POINT! せん切りはスライサーを使うと簡単。白ごまをふっても。

No.292 にんじんのラペ

作りやすい分量（約3食分）

1 袋ににんじん1本(せん切り)、塩1つまみを入れてもみ、水気を絞る。

2 オリーブ油大2、酢大½、砂糖小1を加えてもみ込む。

POINT! ピーラーで薄くむいてもOK。好みで黒こしょうを。

No.293 にんじんとコーンのコールスロー

作りやすい分量（約3食分）

1 容器ににんじん1本(せん切り)を入れ、ラップをして1分半チン。軽く汁気をきる。

2 袋に入れ、汁気をきったコーン缶(水煮)30g、マヨ大2、酢・オリーブ油各小1、塩こしょう少々を加え、ふり混ぜる。

POINT! 袋は大きめを使用。チンした後の水気は軽くきればOK。好みで黒こしょうを。

やる気TIPS
ピーラーは皮むきだけでなく、きゅうりやにんじんをスライスするときにも便利。

PART 08 野菜おかず・にんじん

No.294
ツナマヨにんじん

作りやすい分量（約3食分）

1 容器ににんじん1本(せん切り)を入れ、ラップをして1分半チン。軽く汁気をきる。

2 1にツナ缶1個70g(油をきる)、マヨ大2、醤油大1を加えてあえる。

POINT! ツナマヨであえれば、にんじん嫌いでも食べやすい味に。

No.295
にんじんきんぴら

作りやすい分量（約3食分）

1 ごま油大1を熱したフライパンでにんじん1本(せん切り)を炒める。

2 みりん・醤油各大1を回しかけ、からめる。

POINT! 調味料を加える前に、しんなりするまで炒めて。好みで白ごまを。

No.296
にんじんグラッセ

作りやすい分量（約3食分）

1 容器ににんじん1本(1㎝幅の輪切り)、砂糖大2、塩小1/3を入れてあえる。

2 バター20gをのせ、ラップなしで1分半チン。混ぜて再び1分半チン。

POINT! バターはスライスして全体に散らす。マーガリンでもOK。

フライドにんじん

No.297

冷凍
OK

冷蔵
3日

🔳
レンジ

🍳
フライパン

レンジで
ホクホク食感に

作りやすい分量（約3食分）

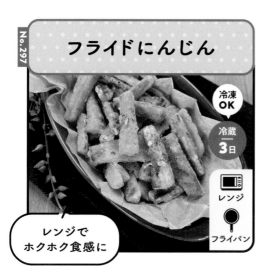

1 容器ににんじん3本（皮つきで棒状に切る）を入れ、
ラップをして6分チン。

2 袋に1、片栗粉大2を入れてふり混ぜる。

3 油大3を熱したフライパンで揚げ焼きにし、塩
少々をふる。

POINT!

縦半分に切ってから棒状
に切るとちょうどいい長
さに。好みで青のりを。

にんじんの
ひとくちチーズガレット

No.298

冷凍
OK

冷蔵
3日

🍳
フライパン

チーズが
のびーる

作りやすい分量（約3食分）

1 袋ににんじん3本（せん切り）、片栗粉大2、ピ
ザ用チーズ100g、塩こしょう小½を入れ、も
み込む。

2 オリーブ油適量を熱したフライパンに一口大の
円形に広げ、両面をこんがり焼く。

POINT!

にんじんは短めのせん切
りにするとまとまりやす
い。好みでドライパセリ
をふっても。

にんじんチーズもち

No.299

冷凍
OK

冷蔵
3日

🔳
レンジ

🍳
フライパン

片栗粉とチーズで
もちもち！

作りやすい分量（約3食分）

1 容器ににんじん3本（ヘタを落として皮をむく）を
入れ、ラップをして6分チン。袋に移して麺棒
でつぶす。

2 片栗粉大5、塩小½、ピザ用チーズ50gを加え
てなじませ、一口大に丸める。油適量を熱した
フライパンで両面を焼く。

POINT!

なるべく薄くのばし、カ
リッと焼き色がつくまで
焼いて。

やる気
TIPS

野菜は切り方を変えることで印象が変わります。マンネリ解消にぜひお試しを。

あえるだけで
激うま

冷蔵
3日

No.300 無限トマト 塩だれ風

作りやすい分量（約3食分）

トマト3個(一口大に切る)、**ごま油・酢各大3、鶏ガラの素・おろしにんにく各大1**をあえる。

POINT! 少しおいて味をなじませるとさらにおいしい。黒こしょうをふっても。

箸休めにぴったり

冷蔵
3日

No.301 中華風漬けトマト

作りやすい分量（約3食分）

A ごま油・醤油・酢各大2、鶏ガラの素・砂糖・おろしにんにく各小1

トマト3個(一口大に切る)を**A**であえる。

POINT! 鶏ガラの素、砂糖が溶けるまでよくあえて。白ごまをふっても。

No.302 ごろごろトマトツナグラタン

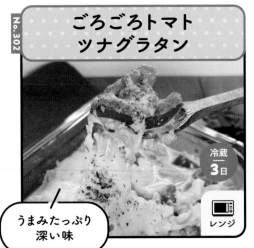

うまみたっぷり
深い味

冷蔵
3日

レンジ

作りやすい分量（約3食分）

1. 容器に**トマト3個**(一口大に切る)、**ツナ缶2個140g**(油をきる)、**マヨ大3、塩こしょう小½**を入れて混ぜる。
2. **ピザ用チーズ50g**を全体にかけ、ラップをして3分チン。

POINT! さらにトースターで焼いてチーズに焦げ目をつけても。好みでドライパセリをふって。

No.303

トマトと卵の中華風炒め

作りやすい分量（約3食分）

1 ごま油大2を熱したフライパンでトマト3個(一口大に切る)をサッと炒める。

2 溶き卵2個分、鶏ガラの素大½を回しかけ、炒め合わせる。

POINT!

卵は半熟に仕上げるとトマトとよくなじむ。好みで刻みねぎを。

No.304

トマトとじゃこのさっぱりサラダ

作りやすい分量（約3食分）

トマト3個(一口大に切る)、じゃこ1パック30g、オリーブ油・酢各大3、塩こしょう小1をあえる。

POINT!

オリーブ油をごま油に替えて中華風にアレンジしてもOK。好みで黒こしょうをふって。

やる気TIPS

コロコロした形の食材をあえるときは、スプーンを使うとラクチンです。

No.305 ミニトマトとクリームチーズのオイルあえ

作りやすい分量（約3食分）

ミニトマト1パック300g(半分に切る)、クリームチーズ100g(食べやすく切る)、オリーブ油大3、レモン汁大1、塩小1をあえる。

POINT! クリームチーズは手でちぎっても。レモン汁は酢でもOK。好みで黒こしょうを。

No.306 ミニトマトの和風ごま油塩昆布漬け

作りやすい分量（約3食分）

ミニトマト1パック300g(半分に切る)、ごま油・麺つゆ各大2、塩昆布大2をあえる。

POINT! ミニトマトは半分に切ると味がしみ込みやすい。白ごまをふっても。

No.307 ミニトマトの青じそポン酢漬け

作りやすい分量（約3食分）

ミニトマト1パック300g(半分に切る)、青じそ5枚(せん切り)、ポン酢大5、ごま油大3をあえる。

POINT! 青じそは調理バサミで細かくカットしてもOK。好みで白ごまを。

No.308

トマト缶とズッキーニでラタトゥイユ

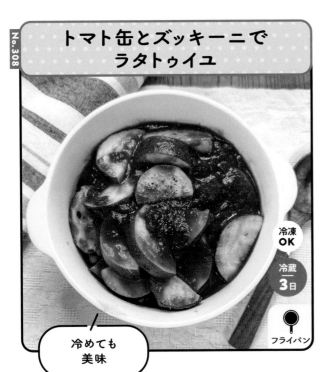

冷めても美味

作りやすい分量（約3食分）

1 オリーブ油大2を熱したフライパンでおろしにんにく小1を弱火で炒める。

2 香りが出たら、ズッキーニ2本600g（1cm幅の半月切り）を加えて中火で炒める。

3 カットトマト缶1個400g、顆粒コンソメ大1を加え、軽く煮詰める。

POINT!

ズッキーニはきゅうりでもOK。ツナ缶や鶏肉を加えればボリュームアップ。好みで黒こしょうをふっても。

No.309

トマト缶で万能ソース

レンジでお店級の味

作りやすい分量（約3食分）

容器にカットトマト缶1個400g、顆粒コンソメ・ケチャップ・オリーブ油各大2、おろしにんにく小1を入れて混ぜ、ラップをして3分チン。

POINT!

パスタはもちろん、焼いた肉や魚介にかけるだけでごちそうに。赤唐辛子やカレー粉を加えてアレンジしても美味。

やる気TIPS

パスタをゆでるとき、大きな鍋やフライパンがなければ、半分に折ってもOK。

No.310 パプリカのマリネ

作りやすい分量(約3食分)

1 容器にパプリカ3個(細切り)を入れ、ラップをして5分チン。

2 オリーブ油・酢各大5、砂糖大2、塩大½を加えてあえる。

POINT! すぐに食べてもOK。パプリカは2色以上使うと彩りのいい副菜に。黒こしょうをふっても。

No.311 パプリカとツナで丸ごとグラタン

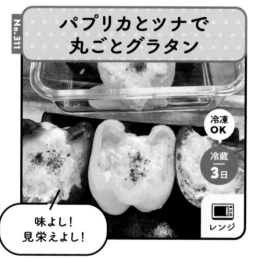

作りやすい分量(約3食分)

1 ツナ缶3個210g(油をきる)、マヨ大3、醤油大1を混ぜ合わせ、パプリカ3個(ヘタを取って縦半分に切り、種とワタを除く)に詰める。

2 容器に並べ、ピザ用チーズ50gをのせ、ラップをして7分チン。

POINT! 仕上げにトースターで焦げ目をつけても。好みでドライパセリをふって。

No.312 パプリカとクリームチーズのマリネ風

作りやすい分量(約3食分)

1 容器にパプリカ3個(細切り)を入れ、ラップをして5分チン。

2 粗熱が取れたらクリームチーズ100g(食べやすく切る)、オリーブ油・醤油各大5、レモン汁大3を加えてあえる。

POINT! レモン汁は酢でもおいしい。好みで黒こしょうを。

No.313
パプリカの彩りナムル

作りやすい分量（約3食分）

1 容器にパプリカ3個(細切り)を入れ、ラップをして5分チン。

2 ごま油大5、鶏ガラの素大3、おろしにんにく小1を加えてあえる。

POINT! 加熱直後にあえると味がよくなじむ。白ごまをふっても。

No.314
パプリカの麺つゆ和風炒め

作りやすい分量（約3食分）

1 ごま油大2を熱したフライパンでパプリカ3個(細切り)を炒める。

2 麺つゆ大4を回しかけ、かつお節適量をかける。

POINT! 麺つゆを入れたら、からめながら炒めるのがコツ。

No.315
パプリカのバターカレー炒め

作りやすい分量（約3食分）

1 バター20gを熱したフライパンでパプリカ3個(細切り)を炒める。

2 火を止めてカレールウ1片を加え、溶かしながらなじませる。

POINT! ルウが溶けにくければ、弱火で温めながら溶かして。好みでドライパセリを。

やる気TIPS
食材ごとの重さ(g)の目安を把握しておくと、計量の手間が省けます。

No.316 ほうれん草のズボラおひたし

作りやすい分量（約3食分）

1. 容器にほうれん草3袋(食べやすく切る)を入れ、ラップをして6分チン。
2. 水気を絞り、麺つゆ大5であえる。

POINT! 味がぼやけないように、しっかり水気を絞って。好みでかつお節をプラス。

No.317 ほうれん草の白あえ

作りやすい分量（約3食分）

1. 容器にほうれん草3袋(食べやすく切る)を入れ、ラップをして6分チン。
2. 水気を絞って袋に入れ、絹ごし豆腐300g、醤油大4、砂糖大1を加えてもみ混ぜる。

POINT! 余裕があれば豆腐は水きりして(ペーパーに包んで2分チン)。好みで白ごまを。

No.318 ほうれん草ナムル

作りやすい分量（約3食分）

1. 容器にほうれん草3袋(食べやすく切る)を入れ、ラップをして6分チン。
2. 水気を絞って袋に入れ、ごま油大3、鶏ガラの素大1、おろしにんにく小1を加えてもみ混ぜる。

POINT! ほうれん草は調理バサミで切ると片づけもラク。白ごまをふっても。

No.319 ほうれん草のごま味噌あえ

作りやすい分量(約3食分)

1 容器にほうれん草3袋(食べやすく切る)を入れ、ラップをして6分チン。

2 水気を絞って袋に入れ、味噌・麺つゆ・白ごま・砂糖各大1を加えてもみ混ぜる。

POINT! 袋に入れてもむことで味が均一になる。水気はよく絞ること。

No.320 ほうれん草とコーンのマヨサラダ

作りやすい分量(約3食分)

1 容器にほうれん草3袋(食べやすく切る)を入れ、ラップをして6分チン。

2 水気を絞り、汁気をきったコーン缶(水煮)100g、マヨ大3、塩小½とあえる。

POINT! 味が薄まらないようにほうれん草とコーン缶の水分はきる。好みで黒こしょうを。

No.321 ほうれん草のからしマヨあえ

作りやすい分量(約3食分)

1 容器にほうれん草3袋(食べやすく切る)を入れ、ラップをして6分チン。

2 水気を絞り、マヨ大2、醤油大1、練りからし小1とあえる。

POINT! ほうれん草は調理バサミで切ると包丁いらずでラクチン。好みでからしを足して。

やる気TIPS

小松菜はアクや辛みを抜く必要がなく、ほうれん草の代わりに使っても◎。

No.322

ほうれん草とベーコンのソテー

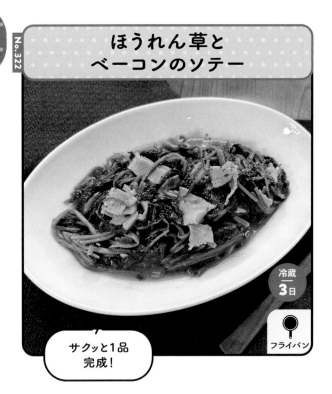

冷蔵 3日

フライパン

サクッと1品完成！

作りやすい分量（約3食分）

バター20gを熱したフライパンでほうれん草3袋（食べやすく切る）、ベーコン10枚（食べやすく切る）、おろしにんにく小1を炒め、醤油大3を回しかける。

POINT!

調理バサミを使うとラク。ほうれん草がしんなりしたら醤油を加えて。好みで黒こしょうを。

No.323

ほうれん草とツナでキッシュ風

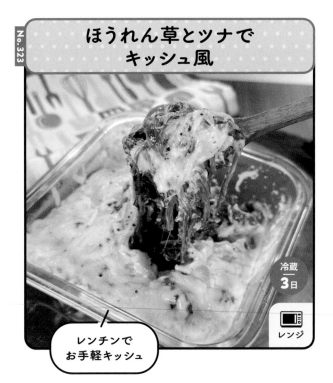

冷蔵 3日

レンジ

レンチンでお手軽キッシュ

作りやすい分量（約3食分）

1 容器にほうれん草3袋（食べやすく切る）を入れ、ラップをして6分チン。

2 水気を絞り、ツナ缶1個70g（油をきる）、溶き卵1個分、マヨ・牛乳各大2、塩こしょう小½を加えて混ぜる。

3 ピザ用チーズ50gをかけ、ラップをして3分チン。

POINT!

ほうれん草の水気を絞ってから他の具材を加えて。仕上げにトースターで焦げ目をつけても。

No. 324 きゅうりのピリ辛漬け

作りやすい分量（約3食分）

A 醤油・酢各150mℓ、砂糖大10、ごま油大5、おろしにんにく大2、ラー油大1

1 袋にきゅうり3本（1cm幅に切る）、塩小1を入れてもみ込む。

2 容器にAを入れて混ぜ合わせ、1を加えて3時間おく。

POINT! 塩もみでほどよく水分を抜いておくと味がしみやすい。好みで白ごまを。

No. 325 スタミナきゅうり漬け

作りやすい分量（約3食分）

1 袋にきゅうり3本（1cm幅に切る）、塩小1を入れてもみ込む。

2 容器に焼き肉のたれ200mℓ、ごま油大5、おろしにんにく大1を入れて混ぜ合わせ、1を加えて3時間おく。

POINT! 赤唐辛子やキムチを加えて味変しても美味。好みで白ごまをふって

No. 326 麺つゆごま油で無限きゅうり

作りやすい分量（約3食分）

1 袋にきゅうり3本（一口大の乱切り）、塩小1を入れてもみ込む。

2 水気を絞り、麺つゆ大3、ごま油大1、おろしにんにく小1とあえる。

POINT! 水気をしっかり絞ると味がまとまる。好みで赤唐辛子を加えても。

やる気TIPS

ボウルやざるはサイズ別にいくつかあると、用途によって使い分けられて便利。

No.327 塩だれきゅうり

作りやすい分量（約3食分）

1 袋にきゅうり3本(一口大の乱切り)、塩小1を入れてもみ込む。

2 水気を絞り、ごま油・鶏ガラの素各大1、酢大3、おろしにんにく小1とあえ、黒こしょう適量をふる。

POINT! きゅうりは調理バサミでカットすると簡単。

No.328 ツナキムチきゅうり

作りやすい分量（約3食分）

1 袋にきゅうり3本(一口大の乱切り)、塩小1を入れてもみ込む。

2 水気を絞り、ツナ缶2個140g(油をきる)、キムチ100g、焼き肉のたれ大3、ごま油大1、おろしにんにく小1とあえる。

POINT! 一味唐辛子やラー油など、辛み調味料を加えても美味。

No.329 きゅうりと卵の中華風炒め

作りやすい分量（約3食分）

1 ごま油大2を熱したフライパンできゅうり3本(一口大の乱切り)を炒める。

2 溶き卵2個分、醤油大2、鶏ガラの素大½を加えて炒め合わせる。

POINT! きゅうりに油が回ったら、卵を加えてかたまるまで混ぜながら炒めて。

No.330

きゅうりと豚こまのスタミナ風炒め

作りやすい分量(約3食分)

1 袋にきゅうり3本(一口大の乱切り)、豚こま肉150g、片栗粉大2を入れてなじませる。

2 ごま油大5を熱したフライパンで1を炒め、焼き肉のたれ大3、おろしにんにく小1を加え、からめる。

POINT! 豚肉に火が通ったら調味。仕上げに一味唐辛子や赤唐辛子を加えても美味。

No.331

きゅうりの塩から揚げ

作りやすい分量(約3食分)

1 袋にきゅうり6本(3cm幅に切る)、塩小1を入れてもみ込む。

2 水気をよくふいて別の袋に移し、片栗粉大3を加えてふり、全体にまぶす。

3 油適量(2mm深さ)を熱したフライパンで揚げ焼きにする。

POINT! 揚げ焼きの火加減は弱火と中火の間で。

No.332

ブロッコリーとハムのコールスロー風

作りやすい分量(約3食分)

1 容器にブロッコリー1株(小房に分ける)を入れ、ラップをして3分チン。

2 袋に1、ハム3枚(細切り)、マヨ大2、酢大1、砂糖大1/2を入れてもみ混ぜる。

POINT! ブロッコリーは小さめに切ると味がよくしみる。好みで黒こしょうを。

やる気TIPS

野菜など半端に余った食材は、スープやかき揚げ、きんぴらなどがおすすめ。

No.333

ブロッコリーの ごま味噌マヨあえ

作りやすい分量（約3食分）

1 容器にブロッコリー1株(小房に分ける)を入れ、ラップをして3分チン。

2 軽く水気をきり、マヨ大2、白ごま大1、味噌小1とあえる。

POINT! あらかじめ白ごま、味噌、マヨを混ぜておくとあえやすい。

No.334

ブロッコリーの 塩昆布ナムル

作りやすい分量（約3食分）

1 容器にブロッコリー1株(小房に分ける)を入れ、ラップをして3分チン。

2 軽く水気をきって袋に入れ、ごま油・塩昆布各大1、鶏ガラの素・おろしにんにく各小½を加えてもみ混ぜる。

POINT! ブロッコリーからだしが出るので水気は軽くきればOK。好みで白ごまを。

No.335

ブロッコリーの たれポン酢あえ

作りやすい分量（約3食分）

1 容器にブロッコリー1株(小房に分ける)を入れ、ラップをして3分チン。

2 袋に1、焼き肉のたれ大2、ポン酢大1、おろしにんにく小½を入れ、もみ混ぜる。

POINT! 味の濃さはブロッコリーのゆで汁で調整する。白ごまをふっても。

No.336

ブロッコリーと卵の中華風炒め

作りやすい分量（約3食分）

1 ごま油大1を熱したフライパンでブロッコリー2株(小房に分ける)を炒める。

2 溶き卵2個分、鶏ガラの素小1、おろしにんにく小½を回しかけ、サッと炒め合わせる。

POINT! 溶き卵、鶏ガラの素、おろしにんにくは混ぜておくとラク。好みで黒こしょうを。

No.337

ブロッコリーのから揚げ

作りやすい分量（約3食分）

1 袋にブロッコリー2株(小房に分ける)、醤油大2、おろししょうが・おろしにんにく各大½を入れてもみ込む。片栗粉大3を加えてふり、全体にまぶす。

2 油適量(5㎜深さ)を熱したフライパンで揚げ焼きにする。

POINT! 火加減は弱火と中火の間にして。

No.338

ブロッコリーのチーズグラタン風

作りやすい分量（約3食分）

1 容器にブロッコリー2株(小房に分ける)を入れ、ラップをして5分チン。

2 軽く水気をきってパスタ用カルボナーラソース(市販)1人分130g、ピザ用チーズ30gを順に回しかけ、ラップをして2分チン。

POINT! 仕上げにトースターで5分焼いても。

やる気TIPS

うまみと塩味がある塩昆布は味つけに困ったときの救世主。常備しておきましょう。

No.339 ピーマンと塩昆布のごま油炒め

作りやすい分量（約3食分）

ごま油大2を熱したフライパンでピーマン小10個(細切り)、塩昆布大5を炒める。

POINT!

ピーマンは小さめを選んで。サッと炒め合わせるだけでOK。好みで白ごまを。

No.340 ピーマンの煮びたし

作りやすい分量（約3食分）

1 フライパンにピーマン小10個(ヘタを取って種とワタを除く)を並べ、麺つゆ200mℓを回しかけておろししょうが大2を加える。

2 火にかけ、ふたをして5分、返して5分煮る。

POINT!

アルミ箔で落としぶたにしてもOK。好みでかつお節をかけて。

No.341 ピーマンのナムル

作りやすい分量（約3食分）

1 容器にピーマン小10個(細切り)を入れ、ラップをして6分チン。

2 水気をきり、ごま油大3、鶏ガラの素大1½、おろしにんにく小1を加えてあえる。

POINT!

味がぼやけるので水気は忘れずにきって。白ごまをふっても。

No.342

バター白菜のカレーミルク煮

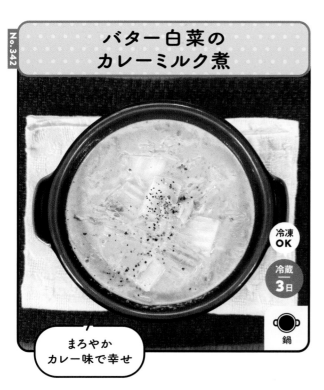

まろやか
カレー味で幸せ

作りやすい分量（約3食分）

1 鍋にバター30gと白菜½個（食べやすく切る）を入れ、しんなりするまで炒める。

2 牛乳800mℓ、カレールウ3片を加え、ひと煮立ちさせる。

POINT!

ルウが溶けて白菜が柔らかくなったら完成。黒こしょうをふってもおいしい。

No.343

キャベツのツナマヨコールスロー

ツナで
ボリューミーに

作りやすい分量（約3食分）

袋にせん切りキャベツ（市販）1袋150g、ツナ缶1個70g（油をきる）、マヨ大2、酢・オリーブ油各大1、塩こしょう少々を入れ、もみ混ぜる。

POINT!

袋をよくもみながら、全体をなじませて。好みで黒こしょうを。

やる気TIPS

ピーマンは種もヘタも食べられるので、切らずにそのまま使うこともできます。

No.344

せん切りキャベツでキャベツ焼き

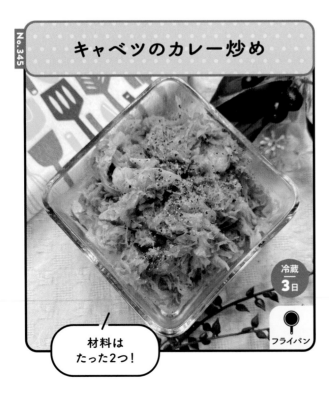

作りやすい分量（約3食分）

1 袋にせん切りキャベツ（市販）3袋450g、小麦粉大5、麺つゆ200mℓを入れ、もみ混ぜる。

2 油適量を熱したフライパンに1を一口大に広げ、両面を焼く。

POINT!

ふたをして蒸し焼きにすると火が通りやすくなる。好みでソース、マヨ、かつお節、青のりを。

No.345

キャベツのカレー炒め

作りやすい分量（約3食分）

1 油適量を熱したフライパンでせん切りキャベツ（市販）3袋450gを炒める。

2 火を止めてカレールウ1片を加え、溶かしながらからめる。

POINT!

キャベツがしんなりしたらルウを加える。余熱で溶けなければ、弱火で温めながら溶かして。黒こしょうをふっても。

No.346 ペペロンキャベツ

作りやすい分量（約3食分）

1 オリーブ油大2を熱したフライパンでキャベツ¼個（ざく切り）、おろしにんにく小½を炒める。

2 顆粒コンソメ小2、赤唐辛子適量（小口切り）を加え、からめるように炒める。

POINT! コンソメと赤唐辛子はキャベツがしんなりしてから加える。

No.347 キャベツの塩昆布漬け風

作りやすい分量（約3食分）

袋にキャベツ¼個（ざく切り）、塩昆布・酢各大2、砂糖大½を入れてもみ込み、しばらくおく。

POINT! 漬けることでかさが減るので、大きめのざく切りでOK。

No.348 キャベツとソーセージでコンソメスープ

作りやすい分量（約3食分）

1 鍋にバター20gを溶かし、キャベツ½個（ざく切り）、ソーセージ6本（一口大の斜め切り）をしんなりするまで炒める。

2 水800㎖、顆粒コンソメ大2を加え、ひと煮立ちさせる。

POINT! キャベツが柔らかく煮えたら完成。黒こしょうをふるのもおすすめ。

やる気TIPS

キャベツは購入後すぐに芯を除いて。成長が止まり、日持ちするようになります。

No.349 オクラの麺つゆだしあえ

作りやすい分量（約3食分）

1 オクラ2袋16本はネットのまま塩少々をふり、板ずりして洗う。

2 ラップで包んで1分半チン。ヘタとガクを取り、1cm幅に切る。

3 麺つゆ大3、塩昆布大½、おろししょうが小1とあえる。

POINT! オクラは板ずりすることで食感がよくなる。白ごまをふっても。

No.350 ユッケだれで丸ごとオクラ漬け

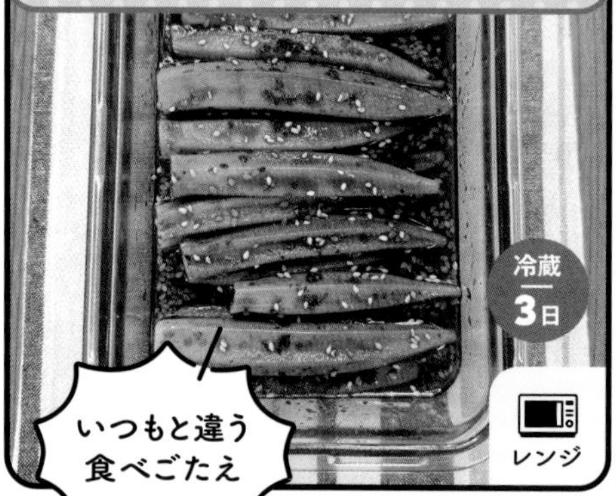

作りやすい分量（約3食分）

1 オクラ2袋16本はネットのまま塩少々をふり、板ずりして洗う。

2 ラップで包んで1分半チンし、ヘタとガクを取る。焼き肉のたれ100mℓ、ごま油・醤油各大2、おろしにんにく小1とあえる。

POINT! オクラは爪楊枝がスッと通ればOK。かたければ10秒ずつ追加でチンして。

No.351 オクラの塩昆布あえ

作りやすい分量（約3食分）

1 オクラ2袋16本はネットのまま塩少々をふり、板ずりして洗う。

2 ラップで包んで1分半チン。ヘタとガクを取り、1cm幅に切る。

3 塩昆布・酢各大2、砂糖大1とあえる。

POINT! 砂糖を溶かしながらよく混ぜて。納豆を加えてもおいしい。

No.352

オクラのコロコロ塩から揚げ

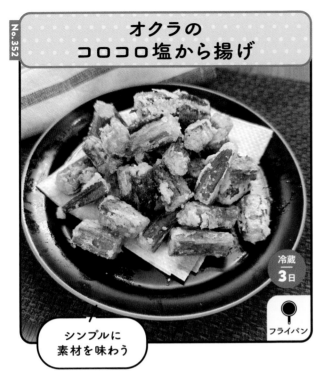

冷蔵 3日
フライパン
シンプルに素材を味わう

作りやすい分量（約3食分）

1 オクラ2袋16本はネットのまま塩少々をふり、板ずりして洗う。ヘタとガクを取り、2〜3cm幅に切る。

2 袋に1、片栗粉大2、塩小½を入れてふり、全体にまぶす。

3 油大5を熱したフライパンで揚げ焼きにする。

POINT!
揚げ焼きの火加減は弱火と中火の間で。カレー塩などのフレーバー塩をかけても美味。

No.353

オクラのツナマヨサラダ

冷蔵 3日
レンジ
くせになるクリーミー食感

作りやすい分量（約3食分）

1 オクラ2袋16本はネットのまま塩少々をふり、板ずりして洗う。

2 ラップで包んで1分半チン。ヘタとガクを取り、1cm幅に切る。

3 ツナ缶1個70g（油をきる）、マヨ大2、醤油大½とあえる。

POINT!
粘りが出るまでよく混ぜて。

やる気TIPS
オクラはネットに入った状態でこすると、ラクにうぶ毛が取れます。

No.354 さやいんげんのごまマヨあえ

作りやすい分量（約3食分）

1 さやいんげん2パック200g(食べやすく切る)をラップで包み、1分半チン。

2 マヨ・白ごま各大1、醤油大½とあえる。

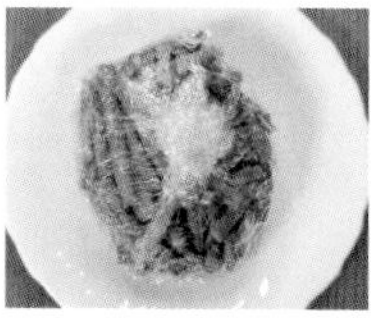

POINT!
いんげんはゆでるよりチンが手軽。短めに切ると味がよくなじむ。

No.355 さやいんげんのさっぱり梅肉ポン酢あえ

作りやすい分量（約3食分）

1 さやいんげん2パック200g(食べやすく切る)をラップで包み、1分半チン。

2 梅干し3個(種を取ってほぐす)、ポン酢大2とあえる。

POINT!
梅干しはチューブの練り梅を使えば、さらに時短に。好みでかつお節を。

No.356 さやいんげんのガリバタ醤油炒め

作りやすい分量（約3食分）

1 バター10gを熱したフライパンでさやいんげん2パック200g(食べやすく切る)を炒める。

2 醤油大1、おろしにんにく小1を加えて炒める。

POINT!
調味料を加えたら、サッと炒め合わせればOK。

フライパン

冷凍OK　冷蔵3日

さやごと炒めて豆のうまみを味わう

No.357

枝豆ペペロンチーノ

作りやすい分量（約3食分）

オリーブ油大1、おろしにんにく小1を弱火で熱したフライパンに冷凍枝豆1袋400g、顆粒コンソメ大2、赤唐辛子適量(小口切り)を入れ、中火で炒める。

POINT! にんにくの香りがしてきたら、枝豆を冷凍のまま加えて。

フライパン

冷凍OK　冷蔵3日

おつまみにもなる甘辛味！

No.358

ヤンニョム枝豆

作りやすい分量（約3食分）

1 ごま油大2を熱したフライパンで冷凍枝豆1袋400gを炒める。

2 焼き肉のたれ大3、ケチャップ・砂糖各大2、ラー油適量を加え、からめる。

POINT! ラー油はコチュジャンや一味唐辛子でもOK。好みで白ごまを。

フライパン

冷蔵3日

マジでビールが止まらない

No.359

枝豆チーズ

作りやすい分量（約3食分）

1 ピザ用チーズ150gを10gずつフライパンに広げる。

2 1の上に冷凍むき枝豆約70粒を4～5粒ずつ散らし、両面をパリッと焼く。

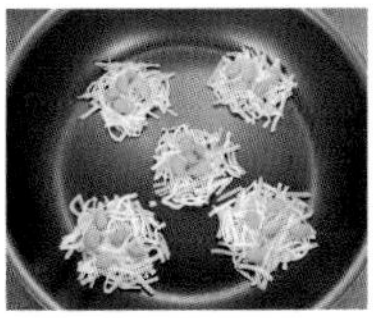

POINT! 火加減は弱火と中火の間で。チーズが溶けてカリカリになったら返す。

やる気TIPS

副菜に悩んだら、ぜひ季節野菜を積極的に使って。旬の味を楽しみましょう。

No.360 アスパラのバター醤油

作りやすい分量（約3食分）

1 容器にアスパラガス15本（5㎝幅に切る）、醤油大4、おろしにんにく小1を入れて混ぜ、バター20gをのせる。

2 ラップをして4分チン。

POINT!

バターは半分に切ってのせ、加熱後は全体を混ぜてなじませる。

No.361 アスパラベーコン

作りやすい分量（約3食分）

油大1を熱したフライパンでアスパラガス15本（5㎝幅の斜め切り）、ベーコン5枚（短冊切り）、おろしにんにく小1を炒め、塩こしょう小1をふる。

POINT!

アスパラは調理バサミで、ベーコンは手でちぎるとラク。

No.362 アスパラの煮びたし風

作りやすい分量（約3食分）

1 容器にアスパラガス15本（5㎝幅に切る）、麺つゆ200㎖、おろししょうが大1を入れて混ぜる。

2 ラップをして3分チン。混ぜて再び3分チン。

POINT!

アスパラは調理バサミで切るとラク。好みでかつお節をかけて。

No.363

かぼちゃと柿ピーのサラダ

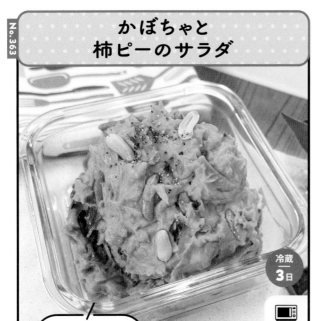

柿ピーの食感と辛みがポイント

冷蔵 3日

レンジ

作りやすい分量（約3食分）

1 容器にかぼちゃ½個(皮つきで一口大に切る)を入れ、ラップをして10分チン。麺棒などでつぶす。

2 柿の種小2袋60g、マヨ大6、塩こしょう小1とあえる。

POINT!

好みでツナ缶を加えるとボリュームがアップする。黒こしょうをふっても。

No.364

かぼちゃのスタミナサラダ風

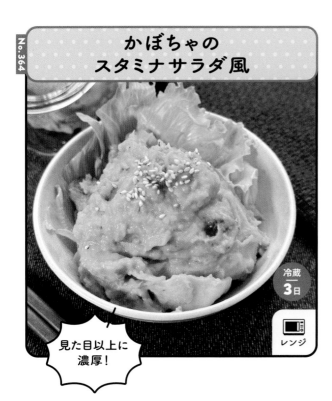

見た目以上に濃厚！

冷蔵 3日

レンジ

作りやすい分量（約3食分）

1 容器にかぼちゃ½個(皮つきで一口大に切る)を入れ、ラップをして10分チン。麺棒などでつぶす。

2 焼き肉のたれ大2、マヨ大4、おろしにんにく小1とあえる。

POINT!

できるだけなめらかにつぶすと美味。コップの裏を使っても。好みで白ごまを。

やる気 TIPS

かぼちゃを丸ごと使うときは、レンチンしておくことで切りやすくなります。

No.365

かぼちゃの煮つけ

作りやすい分量（約3食分）

1 容器にかぼちゃ½個(皮つきで一口大に切る)を入れ、麺つゆ200mℓ、砂糖大3を加えて混ぜ、バター30gをのせる。

2 ラップをして6分チン。返して再び6分チン。

POINT!

かぼちゃはできるだけ調味液に浸してチン。仕上げに追いバターしても。

No.366

かぼちゃのツナマヨグラタン風

作りやすい分量（約3食分）

1 容器にかぼちゃ½個(皮つきで一口大に切る)、ツナ缶2個140g、顆粒コンソメ大1を入れて混ぜ、ラップをして8分チン。

2 マヨ大3、ピザ用チーズ50gを全体にかけ、ラップをして2分チン。

POINT!

ツナはオイルごと加えて。トースターで5分焼いて焦げ目をつけても美味。

No.367

かぼちゃのバター焼き

作りやすい分量（約3食分）

1 容器にかぼちゃ½個(皮つきで2cm大の角切り)を入れ、ラップをして6分チン。

2 バター50gを熱したフライパンに汁気をきった1、砂糖大5を入れ、カリッと焼いて塩少々をふる。

POINT!

砂糖は全体にふりかけ、ひと混ぜしたら触らずに、汁気をとばして。バターはマーガリンでもOK。

No.368 バターさつまいももち

作りやすい分量（約3食分）

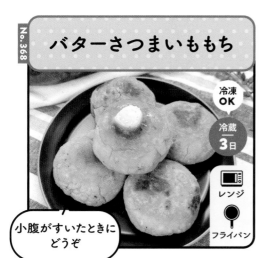

1. 容器にさつまいも600g(皮をむいて乱切り)、牛乳大3を入れ、ラップをして12分チン。
2. 麺棒などでつぶし、片栗粉・砂糖各大3を混ぜ、一口大の円形にまとめる。
3. バター20gを熱したフライパンで両面を焼く。

POINT! 両面にこんがり焼き色をつけて。仕上げにバターをのせても。

No.369 レンチンスイートポテト

作りやすい分量（約3食分）

1. 容器にさつまいも600g(皮をむいて一口大に切る)を入れ、ラップをして12分チン。
2. バター60g、砂糖・牛乳各大6を加え、ペースト状につぶす。
3. ラップを敷いた容器に入れて冷蔵庫で冷やし、食べやすく切る。

POINT! つぶし加減は好みで調整して。かたまりを残してもおいしい。

No.370 大学いも

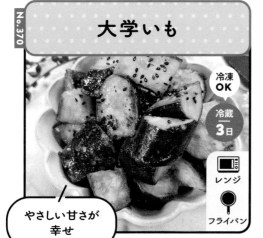

作りやすい分量（約3食分）

1. 容器にさつまいも600g(皮つきで一口大の乱切り)を入れ、ラップをして6分チン。
2. バター20gを熱したフライパンで炒め、火が通ったら砂糖大5、みりん大1を加えてパリッとするまで炒める。

POINT! レンチンすると時短に。香ばしく焼き色がつき、パリッとしたらOK。好みで黒ごまを。

やる気TIPS

未使用のいも類や根菜類、玉ねぎなどは、常温で保存するのが向いています。

No.371 さつまいものレモン煮風

作りやすい分量（約3食分）

容器にさつまいも600g（皮つきで1～2㎝幅の輪切り）、水500㎖、砂糖大7、レモン汁大3を入れてなじませ、ラップをして14分チン。

POINT!
さつまいもを調味液に浸してチンすることで味がよく入る。

No.372 さつまいもとクリームチーズの濃厚サラダ

作りやすい分量（約3食分）

1 容器にさつまいも600g（皮つきで乱切り）を入れ、ラップをして14分チン。

2 麺棒などでつぶし、マヨ大6、牛乳大3、塩こしょう小1を加えて混ぜ、粗熱を取る。

3 クリームチーズ100g（一口大に切る）を加えてあえる。

POINT!
クリームチーズはあえながら食べても。好みで黒こしょうをふる。

No.373 さつまいものバターコンソメフライ

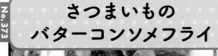

作りやすい分量（約3食分）

1 容器にさつまいも600g（皮つきで棒状に切る）を入れ、ラップをして6分チン。

2 袋に1、片栗粉大3、顆粒コンソメ大1を入れてふり、全体にまぶす。

3 バター70gを弱火で熱したフライパンに入れ、表面がカリッとするまで揚げ焼きにする。

POINT!
チンで火を通しておくと時短に。バターが焦げないように弱火で焼いて。

No.374

とうもろこしチヂミ

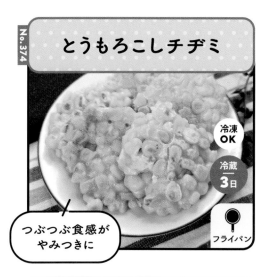

作りやすい分量（約3食分）

1 袋に汁気をきったコーン缶（水煮）2個760g、片栗粉・小麦粉・水各大8、鶏ガラの素大2を入れ、粉っぽさがなくなるまでもみ混ぜる。

2 ごま油適量を熱したフライパンに1を一口大に広げ、両面をこんがり焼く。

POINT! 崩れるのでかたまるまで触らずにじっくり焼いて。

No.375

バター醤油コーン炒め風

作りやすい分量（約3食分）

1 容器に汁気をきったコーン缶（水煮）2個760g、醤油大5、おろしにんにく小1を入れて混ぜ、バター30gをのせる。

2 ラップをして4分チンし、混ぜる。

POINT! 加熱後に混ぜるのでバターは中央にのせればOK。

No.376

マヨコーンチーズグラタン

作りやすい分量（約3食分）

1 容器にコーンクリーム缶1個400g、汁気をきったコーン缶（水煮）2個760g、マヨ大3を入れて混ぜる。

2 ピザ用チーズ50gをかけ、ラップなしで3分チン。

POINT! チンの後、トースターで5分焼いて焦げ目をつけてもおいしい。

やる気TIPS

チーズやバターはにおい移りを防ぐためラップで包んで保存袋に入れておきます。

箸休めにぴったり! ピクルス&浅漬け

ピクルス

調味液は甘めなので、まろやかな酸味で
食べやすい味に仕上がります。

●基本の作り方

調味液(作りやすい分量)

酢……150mℓ
砂糖……大10
塩……大1
＊好みで黒こしょうを。

1 調味液の材料を容器に入れてラップをし、2分チンして混ぜる。粗熱を取る。
2 好みの野菜とともに袋に入れ、空気を抜いて口を閉じ、冷蔵庫で漬ける。
＊一晩以降が食べごろ。時間をおくごとに味がしみて濃厚な味わいに。

冷蔵 5日

いろいろな野菜で楽しめるピクルスや浅漬けは、
ポリ袋で漬けると味が行き渡りやすくておすすめです。
野菜の量を増やすときは、基本の調味液の分量を等倍してください。

No.377

にんじん

作りやすい分量

1 にんじん3本(1㎝角の棒状に切る)をラップで包み、軽くしんなりするまで2分チン。
2 調味液とともに袋に入れて漬ける。

レンチンで
食べやすく

No.378

セロリ

作りやすい分量

1 セロリ2本(根元を落として筋を取り、茎は棒状に切って葉はちぎる)をラップで包み、1分チン。
2 軽く水気をきり、調味液とともに袋に入れて漬ける。

独特の香りが
くせになる

No.379

パプリカ

作りやすい分量

パプリカ2～3個(1㎝幅の細切り)を調味液とともに袋に入れて漬ける。

好みで
色を混ぜて!

No.380

大根

作りやすい分量

大根½本(1㎝角の棒状に切る)を調味液とともに袋に入れて漬ける。

ポリポリ食感が
楽しい

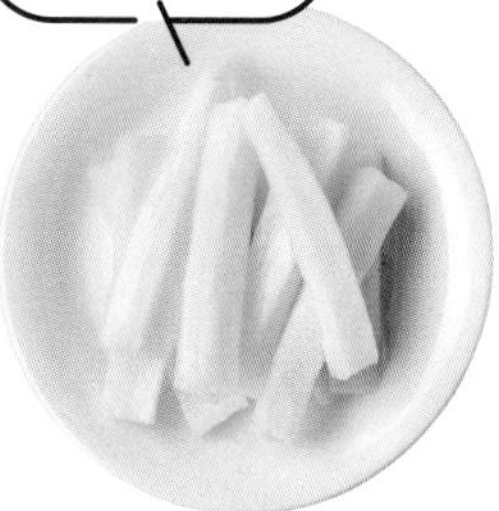

No.381

ズッキーニ

作りやすい分量

ズッキーニ2本(1㎝角の棒状に切る)を調味液とともに袋に入れて漬ける。

生ならではの
おいしさ!

No.382

ミニトマト

作りやすい分量

ミニトマト1パック300g(ヘタを取る)はフォークや爪楊枝で数カ所穴をあけ、調味液とともに袋に入れて漬ける。

トマトのうまみと
甘みが際立つ

浅漬け

ご飯に合う、醤油ベースの調味液。
赤唐辛子や一味唐辛子を加えてもおいしいです。

●基本の作り方

調味液（作りやすい分量）

砂糖……大6
酢……大4
醤油・水……各大4
＊好みで白ごま、かつお節を。

1 **調味液の材料を容器に入れてラップをし、2分チンして混ぜる。粗熱を取る。**
＊砂糖がなじまない場合は、さらに追加でチンして溶かす。

2 **好みの野菜とともに袋に入れ、空気を抜いて口を閉じ、冷蔵庫で漬ける。**
＊一晩以降が食べごろ。時間をおくごとに味がしみて濃厚な味わいに。
＊調味液が濃い場合は水を足しても。

冷蔵 5日

No.383

きゅうり

作りやすい分量

きゅうり3本(1～2㎝幅に切る)を調味液とともに袋に入れて漬ける。

漬けものの
定番!

No.384

なす

作りやすい分量

なす3本(一口大の乱切り)を調味液とともに袋に入れて漬ける。

うまみが
ぎゅっと凝縮!

No.385

白菜

作りやすい分量

白菜¼個(ざく切り)、塩昆布大3を調味液とともに袋に入れて漬ける。

塩昆布で
塩気をプラス!

No.386

キャベツ

作りやすい分量

キャベツ¼個(ざく切り)を調味液とともに袋に入れて漬ける。

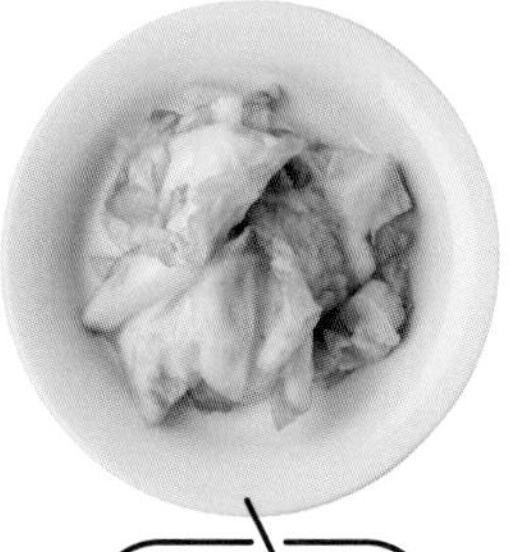

手でちぎっても
OK

No.387

アボカド

作りやすい分量

アボカド3個(半分に切って種と皮を取る)を調味液とともに袋に入れて漬ける。食べるときに薄切りにする。

口あたりが
最高!

No.388

ピーマン

作りやすい分量

ピーマン8個(1㎝幅の細切り)を調味液とともに袋に入れて漬ける。

ほろ苦さと
酸味がマッチ

No.389 ツナマヨスタミナもやし

作りやすい分量（約3食分）

1 容器にもやし2袋400gを入れ、ラップをして5分チン。

2 軽く水気をきって袋に入れ、ツナ缶2個140g（油をきる）、マヨ・焼き肉のたれ各大3、ごま油大2を加え、もみ混ぜる。

POINT! 加熱後は水分が出るので水気をきってから調味。好みで刻みねぎを。

No.390 もやしの麺つゆマヨおかかあえ

作りやすい分量（約3食分）

1 容器にもやし2袋400gを入れ、ラップをして5分チン。

2 軽く水気をきって袋に入れ、かつお節1袋2.5g、マヨ・麺つゆ各大3を加え、もみ混ぜる。

POINT! 袋の中で混ぜれば洗いものいらずで味もなじむ。好みで食べるときにかつお節をプラスしても。

No.391 もやしの塩ナムル

作りやすい分量（約3食分）

1 容器にもやし2袋400gを入れ、ラップをして5分チン。

2 軽く水気をきって袋に入れ、ごま油大3、酢・鶏ガラの素各大1、おろしにんにく小1を加え、もみ混ぜる。

POINT! 仕上げに黒こしょうをふっても。

No.392

もやしのポン酢漬け

作りやすい分量（約3食分）

1 容器にもやし２袋400gを入れ、ラップをして５分チン。

2 軽く水気をきった１、ポン酢150㎖、ごま油大５を容器に入れて混ぜる。

POINT! 時間をおくごとに味がなじむ。好みで刻みねぎをかけて。

No.393

もやしとハムの中華風

作りやすい分量（約3食分）

1 容器にもやし２袋400gを入れ、ラップをして５分チン。

2 袋に軽く水気をきった１、ハム８枚(食べやすく切る)、ごま油・しょうゆ・酢各大３、ラー油適量を入れ、もみ混ぜる。

POINT! ラー油はお好みでどうぞ。仕上げに白ごまをふっても。

No.394

もやしのピリ辛炒め

作りやすい分量（約3食分）

1 ごま油大２を熱したフライパンでもやし２袋400gをサッと炒める。

2 醤油大２、鶏ガラの素大½、おろしにんにく小１、ラー油適量を加えてからめる。

POINT! 好みで一味唐辛子で辛みをプラスしても。

やる気TIPS
もやし、ミニトマト、しめじなど切らずに使える素材は助かる存在。

No.395

レンジで時短！しみしみ大根

作りやすい分量（約3食分）

1 耐熱ボウルに大根1/2本(一口大に切る)、浸るぐらいの水、塩大1/2を入れて混ぜ、ラップをして10分チン。

2 油適量を熱したフライパンで、水気をきった1の表面をサッと焼く。

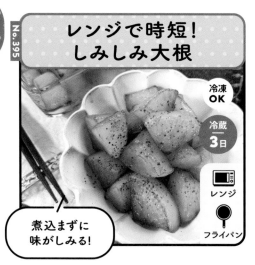

3 醤油・酒・みりん・砂糖各大2を加え、水分をとばしながら煮詰める。

POINT! チンして中まで火を通してからフライパンで煮からめると時短に。好みで一味を。

No.396

ぽりぽり漬け大根

作りやすい分量（約3食分）

容器に醤油・酢・砂糖各大5、一味唐辛子適量を入れて混ぜ、大根1/4本(1cm角に切る)を加えて漬け込む。

POINT! 一味は好みで。白ごまをふるとgood。

No.397

大根もち

作りやすい分量（約3食分）

1 大根1本(すりおろして水気を絞る)、片栗粉大8、鶏ガラの素大1を混ぜる。

2 ごま油適量を熱したフライパンに1を一口大の円形に広げ、両面をカリッと焼く。

POINT! 一度に並ばなければ数回に分けて焼く。好みでポン酢や刻みねぎ、一味を。

No.398 フライド大根

作りやすい分量（約3食分）

1 袋に大根½本（2㎝角に切る）と片栗粉大3を入れてふり、全体にまぶす。

2 油適量（2㎜深さ）を熱したフライパンで1をカリッと焼き、塩少々をふる。

POINT! 香ばしい焼き色がつくまであまり動かさずに焼く。

No.399 大根と塩昆布のなます

作りやすい分量（約3食分）

容器に酢大3、醤油・砂糖各大½を入れて混ぜ、大根¼本（薄い輪切り）、塩昆布大3を加えて漬け込む。

POINT! 切るときはスライサーを使えばラク。白ごまをふっても。

No.400 玉ねぎのバター醤油焼き

作りやすい分量（約3食分）

1 バター20gを溶かしたフライパンで玉ねぎ大3個900g（8等分のくし形切り）に焼き目をつける。

2 醤油大6、みりん・砂糖各大2を加え、軽く煮詰める。

POINT! じっくり焼いて両面に焼き色がついたら調味。ドライパセリをふっても。

やる気TIPS

調味料も調理道具も、よく使う〝一軍〟は取りやすいところに置いておきましょう。

No.401 漬け玉ねぎ

作りやすい分量（約3食分）

1 容器に玉ねぎ大２個600g（くし形切り）を入れ、ラップをして７分チン。

2 汁気をきり、麺つゆ200mℓ、酢大３、赤唐辛子適量（小口切り）を加えて10分ほど漬け込む。

POINT! 赤唐辛子は好みでどうぞ。かつお節を加えても美味。

No.402 玉ねぎのおかかポン酢あえ

作りやすい分量（約3食分）

1 容器に玉ねぎ大２個600g（薄切り）を入れ、ラップをして７分チン。

2 汁気をきり、ポン酢大５、ごま油大２、かつお節適量を加えてあえる。

POINT! 好みで青じそを加えるとさらに風味が増す。

No.403 玉ねぎチーズチヂミ

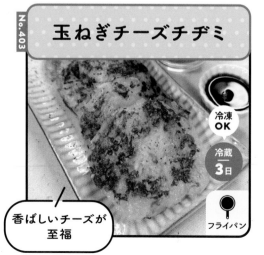

作りやすい分量（約3食分）

1 袋に玉ねぎ大２個600g（みじん切りにして軽く汁気を絞る）、片栗粉大８、鶏ガラの素大１を入れ、もみ混ぜる。

2 ごま油適量を熱したフライパンに１を一口大の円形に広げ、ピザ用チーズ100gを等分にのせ、両面をカリッと焼く。

POINT! チーズが溶けて焼き色がつくまで焼く。ポン酢や一味をかけても美味。

No.404 玉ねぎのマリネ

作りやすい分量(約3食分)

1 容器に玉ねぎ大2個600g(薄切り)を入れ、ラップをして7分チン。

2 汁気をきり、オリーブ油大5、酢大2、砂糖大1、塩小1を加えて混ぜる。

POINT! 好みで黒こしょうをかけるとスパイシーに。

No.405 玉ねぎとツナのマヨネーズあえ

作りやすい分量(約3食分)

1 容器に玉ねぎ大2個600g(薄切り)を入れ、ラップをして7分チン。

2 汁気をきり、ツナ缶1個70g(油をきる)、マヨ大3、醤油大1を加えて混ぜる。

POINT! 汁気をしっかりきって調味。かつお節をかけるとさらに美味。

No.406 れんこんの甘辛醤油炒め

作りやすい分量(約3食分)

1 袋にれんこん400g(皮をむいて1cm幅に切る)、片栗粉大2を入れてふり、全体にまぶす。

2 ごま油大2を熱したフライパンで1をカリッと焼き、酢・醤油・砂糖各大3を加えて煮詰める。

POINT! 最後に白ごまをたっぷりかけても。

やる気TIPS

玉ねぎは繊維に沿って切ると歯ごたえが出て、繊維を断つように切ると柔らかく。

No.407 れんこんのから揚げ

作りやすい分量(約3食分)

1 袋にれんこん400g(皮をむいて2cm角に切る)、醤油大1、おろしにんにく小1を入れてもみ混ぜる。

2 別の袋に片栗粉大3と汁気をきった1を入れてふり、全体にまぶす。

3 油適量(5mm深さ)を熱したフライパンで2をカリッと揚げ焼きにする。

POINT! れんこんはペーパーで汁気をよくきってから粉をまぶして。

No.408 れんこんの鶏ガラ青のり炒め

作りやすい分量(約3食分)

1 ごま油大2を熱したフライパンでれんこん400g(皮をむいて1cm幅に切る)をサッと炒める。

2 火を弱め、鶏ガラの素大½、青のり小1を加えてからめる。

POINT! れんこんに焼き色がつくまで炒めたら調味料を加える。

No.409 れんこんのはさみ焼き風

作りやすい分量(約3食分)

1 れんこん300g(皮をむいて5mm幅に切る)で合いびき肉300gを等分にはさみ、片栗粉小1をまぶす。

2 容器に醤油・みりん各大6、砂糖大2を入れて混ぜ、1を加えてからめる。

3 ラップをして5分チン。上下を返して再び5分チン。

POINT! 片栗粉をまぶしたら、ぎゅっと握るとはがれにくくなる。

No.410 きんぴられんこん

作りやすい分量(約3食分)

容器にれんこん400g(皮をむいて薄い半月切りにする)、麺つゆ大8、ごま油大4、赤唐辛子適量(小口切り)を入れて混ぜ、ラップをして5分チン。

POINT! 赤唐辛子は好みで。白ごまをふっても。

No.411 スパイシーれんこん

作りやすい分量(約3食分)

1 バター30gを溶かしたフライパンでれんこん400g(皮をむいて1cm幅の輪切り)をサッと炒める。

2 火を止めてカレールウ1片を加え、全体にあえる。

POINT! ルウが余熱で溶けにくければ、弱火で温めながら溶かして。

No.412 れんこんの甘辛煮

作りやすい分量(約3食分)

容器にれんこん400g(皮をむいて乱切り)、麺つゆ150mℓ、醤油・砂糖各大3を入れて混ぜ、ラップをして10分チン。

POINT! 調味料を混ぜてから加熱すると味がなじむ。好みで白ごまをふって。

やる気TIPS

じゃがいも、れんこん、にんじんは皮つきで使っても。食感もよく、栄養も摂れます。

ねぎのおいしい食べ方!

No.413

長ねぎの味噌焼き

作りやすい分量(約3食分)

1 ごま油大1を熱したフライパンで長ねぎ3本(5cm幅に切る)を焼き目がつくまで焼く。

2 弱火にし、みりん大3、味噌・砂糖各大1を加えて軽く煮詰める。

POINT! 味噌が焦げないように弱火にしてからめて。白ごまをふるのがおすすめ。

こんがり香ばしい

No.414

ねぎの焼きびたし

作りやすい分量(約3食分)

1 ごま油大1を熱したフライパンで長ねぎ3本(5cm幅に切る)を焼き目がつくまで焼く。

2 麺つゆ50mℓ、おろししょうが小1を加えて軽く煮詰める。

POINT! 仕上げにかつお節をかけてもおいしい。

無限に食べられる

No.415

長ねぎ塩昆布ごま油

作りやすい分量(約3食分)

1 容器に長ねぎ3本(斜め薄切り)を入れ、ラップをして3分チン。

2 ごま油大3、塩昆布大1、鶏ガラの素大½、おろしにんにく小1を加えて混ぜる。

POINT! ねぎは薄切りにすると味がなじみやすい。

No.416

長ねぎのマリネ

作りやすい分量（約3食分）

1 容器に長ねぎ3本（3cm幅に切る）を入れ、ラップをして4分チン。

2 オリーブ油大3、酢・砂糖各大1、塩小1を加えて混ぜる。

POINT! 黒こしょうをたっぷりふってもおいしい。

No.417

ねぎ焼き

作りやすい分量（約3食分）

1 袋に長ねぎ3本（斜め薄切り）、小麦粉・麺つゆ各大5を入れ、もみ混ぜる。

2 油適量を熱したフライパンに1を一口大に広げ、両面をカリッと焼く。

POINT! 円形に広げて焼き目をつける。好みでソースやマヨ、かつお節、青のりを。

No.418

マッシュポテト

作りやすい分量（約3食分）

1 耐熱ボウルにじゃがいも600g（皮をむいて乱切り）と牛乳150mℓを入れて混ぜ、ラップをして14分チン。

2 麺棒やコップの裏で1をつぶし、塩こしょう小2で味を調える。

POINT! 塩、こしょう、調味料をブレンドした「味つけ塩こしょう」を使えば味つけが簡単。

やる気TIPS

作ったおかずを冷蔵保存するときは、よく冷ましてから冷蔵庫へ入れて。

No.419

卵ポテトサラダ

作りやすい分量（約3食分）

1 耐熱ボウルにじゃがいも300g（皮をむいて乱切り）を入れ、ラップをして6分チンし、つぶす。

2 別の耐熱ボウルに卵3個を入れて黄身をつぶすように混ぜ、ラップをして2分チン。かたまる前にほぐす。

3 2に1、マヨ大5、砂糖大1、塩こしょう小1を加えて混ぜる。

POINT!
じゃがいものつぶし加減は好みで。好みで黒こしょうを。

No.420

ツナ青のりポテト

作りやすい分量（約3食分）

1 耐熱ボウルにじゃがいも600g（皮をむいて乱切り）を入れ、ラップをして12分チンし、軽く水気をきる。

2 ツナ缶2個140g（油をきる）、マヨ大5、醤油大2、青のり小1を加えて混ぜる。

POINT!
じゃがいもはチンすると水分が出るので水気をきってから調味。

No.421

じゃがマヨチーズグラタン風

作りやすい分量（約3食分）

1 容器にじゃがいも600g（皮をむいて乱切り）と牛乳150mℓを入れ、ラップをして14分チン。

2 麺棒やコップの裏で1をつぶし、マヨ大3、塩こしょう小1を加えて混ぜる。

3 ピザ用チーズ80gを散らし、ラップをして2分チン。

POINT!
仕上げにトースターで5分加熱して焦げ目をつけても。好みで青のりを。

No.422 じゃがいもの煮っころがし風

作りやすい分量（約3食分）

1 袋にじゃがいも600g（皮をむいて乱切り）と片栗粉大1を入れてふり、全体にまぶす。

2 容器に醤油・みりん・砂糖各大8を入れて混ぜ、1を加えてからめ、ラップをして12分チン。

POINT! 片栗粉をまぶすと調味料がからみやすく、とろみがつく。

No.423 ごろごろじゃがいもの即席ミネストローネ

作りやすい分量（約3食分）

1 容器にじゃがいも3個（皮をむいて大きめの乱切り）を入れ、ラップをして6分チン。

2 鍋に入れ、カットトマト缶1個400g、水400㎖、顆粒コンソメ大2、ソーセージ6本（斜め切り）、オリーブ油大2を加えて火にかけ、ひと煮立ちさせる。

POINT! ホールトマトの場合はつぶしながら加えて。好みでドライパセリを。

No.424 ペペロンポテト

作りやすい分量（約3食分）

1 耐熱ボウルにじゃがいも600g（皮をむいて乱切り）を入れ、ラップをして10分チン。

2 オリーブ油大2を熱したフライパンに1、おろしにんにく小1、顆粒コンソメ大1、赤唐辛子適量（小口切り）を入れてサッと炒める。

POINT! チンしてから炒めれば時短に。赤唐辛子はあればでOK。好みで黒こしょうを。

やる気TIPS
じゃがいもやにんじんなどのかたい野菜はレンジで〝下ゆで〟しておくと時短に。

No.425 スマッシュドポテト風

作りやすい分量(約3食分)

1 耐熱ボウルにじゃがいも600g(皮をむいて乱切り)を入れ、ラップをして10分チン。

2 麺棒やコップの裏で1をつぶし、片栗粉大2をまぶしてなじませ、一口大の円形にまとめる。

3 油適量を熱したフライパンで2をカリッとするまで両面焼き、塩少々をふる。

POINT! つぶし加減は好みで。手のひらで空気を抜くようにぎゅっとまとめる。

No.426 ポテトとソーセージでバターカレー炒め

作りやすい分量(約3食分)

1 フライパンにバター20gを溶かし、ソーセージ6本(斜め切り)、冷凍フライドポテト300gを炒める。

2 火を止め、カレールウ1片を加えて溶かし、なじませる。

POINT! ポテトは冷凍のまま加える。ダマにならないようにルウは余熱で溶かして。溶けにくければ弱火で温める。好みでドライパセリを。

No.427 ポテトでチーズガレット

作りやすい分量(約3食分)

1 容器に冷凍フライドポテト500gを入れ、ラップをして8分チン。

2 袋に1、片栗粉・水各大5、ピザ用チーズ100gを入れ、つぶしながらもみ混ぜる。

3 油適量を熱したフライパンに2を広げ、両面を焼く。食べやすい大きさに切り分ける。

POINT! 生地を返すときは、皿に移してから戻し入れると簡単。

No.428

フライド長いも

作りやすい分量（約3食分）

1 袋に長いも600g(皮をむいて棒状に切る)と片栗粉大３を入れてふり、全体にまぶす。

2 油適量(５㎜深さ)を熱したフライパンで１をカリッと焼いて取り出し、塩小½をふる。

POINT! 少ない油で香ばしく揚げ焼きに。青のりをかけても美味。

No.429

長いもの バター醤油ソテー

作りやすい分量（約3食分）

1 バター30gを溶かしたフライパンで長いも600g(皮をむいて１㎝幅に切る)を焼き、焼き色をつける。

2 醤油大２、おろしにんにく小１を加えてサッとからめる。

POINT! 両面に焼き色がついたら調味。好みで刻みねぎや刻みのりをかけて。

No.430

長いもグラタン

作りやすい分量（約3食分）

1 容器に長いも600g(皮をむいてすりおろす)、卵２個、麺つゆ大３を入れて混ぜ、ラップをして４分チン。

2 ピザ用チーズ50gを散らし、トースターで５分焼く。

POINT! トースターでチーズを溶かして焦げ目をつけて。

やる気TIPS

じゃがいもは水にさらすとくっつきにくくなり、さらさないとホクホクに。

No.431 里いもの煮っころがし風

作りやすい分量(約3食分)

1 袋に冷凍里いも500gと片栗粉大1を入れてふり、全体にまぶす。

2 容器に醤油・みりん・砂糖各大8を入れて混ぜ、1を加えてからめる。

3 ラップをして16分チンし、混ぜる。

POINT! 冷凍里いもを使って切る手間を省略。白ごまをふるのもおすすめ。

No.432 ごぼうの白ごまマヨあえサラダ

作りやすい分量(約3食分)

1 容器にごぼう2本300g(包丁の背で皮をこそぎ、ささがき)を入れ、ラップをして5分チン。冷水で洗って水気をきる。

2 マヨ大3、麺つゆ大2、白ごま大1、醤油大½を加えて混ぜる。

POINT! サラダなのでごぼうは洗って熱を冷ます。水気をよくきってから調味して。

No.433 きんぴらごぼう

作りやすい分量(約3食分)

容器にごぼう2本300g(包丁の背で皮をこそぎ、ささがき)、醤油大4、ごま油大2、みりん大1を入れてからめ、ラップをして5分チン。

POINT! ごぼうと調味料を混ぜてから加熱すると味がなじむ。白ごまを加えても。

No.434

ひらひらごぼうの塩かきあげ

作りやすい分量（約3食分）

1 ごぼう２本300g（包丁の背で皮をこそぎ、ささがき）はペーパーで軽く汁気をふく。

2 袋に１、片栗粉大３、塩小１を入れてふり、全体にまぶす。

3 油適量（２㎜深さ）を熱したフライパンに２を一口大の円形に広げ、揚げ焼きにする。

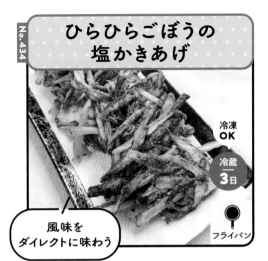

POINT!
２〜３回に分けて揚げ焼きにするとカラッと仕上がる。好みで青のりを。

No.435

ごぼうの甘辛炒め

作りやすい分量（約3食分）

1 ごぼう２本300g（包丁の背で皮をこそぎ、５㎜幅の斜め切り）はペーパーで軽く汁気をふく。

2 袋に１と片栗粉大３を入れてふり、全体にまぶす。

3 ごま油大５を熱したフライパンで２をカリッと焼き、醤油・みりん各大３、砂糖大１を加えて軽く煮詰める。

POINT!
片栗粉をまぶすとカリッと焼ける。仕上げに白ごまをふっても。

No.436

ごぼうの甘辛煮

作りやすい分量（約3食分）

容器にごぼう２本300g（包丁の背で皮をこそぎ、４㎝幅に切る）、麺つゆ150㎖、砂糖大１、一味唐辛子適量を入れてからめ、ラップをして８分チン。

POINT!
ピリ辛にするのがおすすめ。一味唐辛子の量は好みで調整。

やる気TIPS
カット済み野菜や冷凍野菜に頼るのも手。コンビニやスーパーでも手に入ります。

No.437 なすの辛味噌あえ

作りやすい分量（約3食分）

1 袋になす4本(一口大に切る)と片栗粉大3を入れてふり、全体にまぶす。

2 ごま油大2を熱したフライパンで1をカリッと焼く。

3 みりん大2、味噌・砂糖各大1、一味唐辛子適量を加えてサッとからめる。

POINT! なすは薄めに切ると火が通りやすい。一味唐辛子は好みで。

No.438 なすの蒲焼き

作りやすい分量（約3食分）

1 容器になす4本(皮をむく)を入れ、ラップをして5分チン。真ん中に箸を刺して半分に開く。

2 油大2を熱したフライパンで1の表面を焼き、醤油・みりん・砂糖各大4を加えて軽く煮詰める。

POINT! 焼き色がついたら調味料を加えて。好みで山椒や刻みねぎをかけて。

No.439 なすの煮びたし

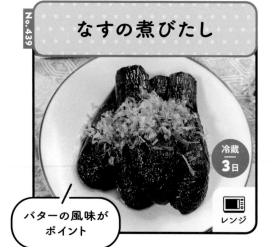

作りやすい分量（約3食分）

1 容器に麺つゆ200㎖、おろししょうが大1を入れて混ぜ、なす4本(縦半分に切る)を加え、バター20gをのせる。

2 ラップをして7分チン。上下を返し、再び7分チン。

POINT! バターはなすにしみるように上にのせて。かつお節をかけても。

No.440

サクッと揚げなす

冷蔵
3日
フライパン
にんにく風味が
たまらない

作りやすい分量（約3食分）

1. 袋になす4本(一口大に切る)、醤油・鶏ガラの素・おろしにんにく各大1を入れてもみ混ぜる。
2. 汁気をきってバットなどに並べ、片栗粉適量をまぶす。
3. 油適量(5㎜深さ)を熱したフライパンで2をカリッと揚げ焼きにする。

POINT!

下味をつけたら、汁気をよくきってから粉をまぶす。

No.441

なすのツナマヨチーズ焼き

冷蔵
3日
レンジ
チーズとなすの
相性が最高!

作りやすい分量（約3食分）

1. 容器になす4本(一口大に切る)を入れ、ラップをして6分チン。
2. 水気を軽くきり、ツナ缶1個70g(油をきる)、マヨ大2、顆粒コンソメ大½を加えて混ぜる。
3. ピザ用チーズ30gを散らし、ラップをして2分チン。

POINT!

ツナでうまみをプラス。仕上げにトースターで加熱して焦げ目をつけても。

やる気TIPS

食材の水気をふく、深めの鍋を使うと油はね防止に。油はねガードを使っても。

No.442

なすのマリネ

作りやすい分量(約3食分)

1 容器になす4本(縦に細切り)を入れ、ラップをして6分チン。

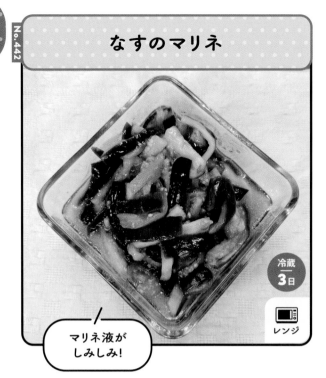

2 軽く水気をきり、オリーブ油大5、酢大2、砂糖大1½、塩小½を加えて混ぜる。

POINT!

レンチンでとろとろに柔らかくなる。時間をおかず、すぐに食べてもOK。

No.443

なすの塩昆布漬け

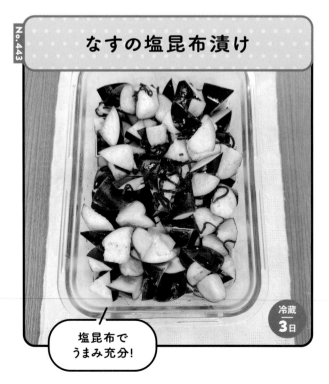

作りやすい分量(約3食分)

袋になす4本(一口大に切る)に塩昆布・酢・麺つゆ各大5、砂糖大3を入れてもみ込む。10分ほどおく。

POINT!

塩昆布の塩気でなすがしんなりする。袋で作ると味がなじみやすい。

No.444

ごろごろ無水肉じゃが

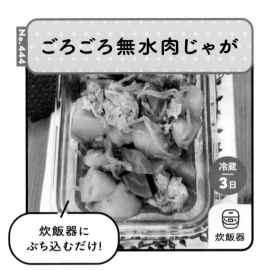

作りやすい分量（約3食分）

1 炊飯釜に醤油・みりん・麺つゆ各大5、砂糖大2を入れて混ぜる。

2 じゃがいも4個、にんじん1本、玉ねぎ1個(すべて皮をむいて乱切り)、白滝1パック(流水で洗い、食べやすい長さに切る)、豚こま肉200gを加えて通常炊飯する。

POINT!

豚こま肉は加熱ムラを防ぐため広げて入れる。

No.445

炊飯器で 麺つゆ筑前煮

作りやすい分量（約3食分）

1 炊飯釜に麺つゆ・水各200mℓ、おろししょうが大1を入れて混ぜる。

2 鶏もも肉300g(一口大に切る)、にんじん3本、ごぼう1本、れんこん1パック200g(すべて食べやすく乱切り)を加えて通常炊飯。

POINT!

炊飯後は全体をよく混ぜて味をなじませる。

No.446

ピーラーでひらひら豚汁

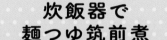

作りやすい分量（約3食分）

1 鍋にごま油大3を熱して豚こま肉200gをサッと炒める。

2 ごぼう1本、にんじん1本(ともにピーラーでスライス)を加え、しんなりするまで炒める。

3 水800mℓ、おろししょうが小1を加え、ひと煮立ちしたら、味噌大4を溶き混ぜる。

POINT!

薄切りにすると火が通りやすい。刻みねぎを入れてもおいしい。

やる気TIPS

味噌は煮立てると風味がとんでしまうので、汁ものに加えるときは最後に。

column 3

覚えておくと便利！ 手作りだれ

刻みねぎで

No.447 さっぱりスタミナねぎだれ

作りやすい分量

刻みねぎ・焼き肉のたれ・ポン酢各大5、おろしにんにく・ラー油各大½を混ぜる。

〈おすすめの使い方〉 焼いた肉、うどん、ゆで野菜にかける

焼き肉のたれで
深みを！
冷蔵
3日

No.448 ねぎ塩だれ

作りやすい分量

刻みねぎ・ごま油各大5、酢大3、鶏ガラの素大1、おろしにんにく大½を混ぜる。好みで黒こしょうをふる。

〈おすすめの使い方〉 焼いた肉、うどん、卵かけご飯にかける

ごま油と
にんにくが香る！
冷蔵
3日

No.449 ねぎ甘酢だれ

作りやすい分量

刻みねぎ大5、ごま油・醤油・酢各大3、砂糖大1を混ぜる。

〈おすすめの使い方〉 焼いた肉(特にひき肉系)、うどん、ゆで野菜にかける

ねぎの香りが
アクセント！
冷蔵
3日

肉や魚、サラダやゆで卵など、
何にでも合う万能だれ12レシピをご紹介。
作っておけば、味つけに困ったときに、きっと役立つはずです。

No.450 よだれねぎ

作りやすい分量

刻みねぎ・醤油・酢各大5、ラー油大1を混ぜる。好みで糸唐辛子を加える。

〈おすすめの使い方〉冷や奴、蒸し鶏、焼いた厚揚げにかける

No.451 香味だれ

作りやすい分量

刻みねぎ大5、醤油・酢各大3、ごま油・砂糖各大1、おろしにんにく・おろししょうが各小1、白ごま適量(好みで)を混ぜる。

〈おすすめの使い方〉ゆで野菜、豚しゃぶ、うどんにかける

No.452 ねぎ味噌

作りやすい分量

1 容器にみりん大5、味噌大3、砂糖大1を入れて混ぜ、ラップなしで1分チン。
＊アルコール分が残っている場合は追加で数秒チン。
2 粗熱が取れたら刻みねぎ大5を加えて混ぜる。

〈おすすめの使い方〉焼いた魚、炒めた野菜(きのこや長ねぎ)にかける、ご飯にのせる

column 3

覚えておくと便利！ 手作りだれ

ニラで

No.453 醤油ニラだれ

調理バサミを使えばラク！

冷蔵3日

作りやすい分量

ニラ1束(細かく刻む)、醤油・酢各大5、ごま油大3、鶏ガラの素・おろしにんにく・ラー油各大½を混ぜる。

〈おすすめの使い方〉豆腐にかける、ご飯にのせる、うどんにかける

No.454 ユッケ風ニラだれ

赤唐辛子や一味も合う！

冷蔵3日

作りやすい分量

ニラ1束(細かく刻む)、焼き肉のたれ大5、ごま油・醤油各大3、おろしにんにく大½を混ぜる。好みで白ごまをふる。

〈おすすめの使い方〉豆腐にかける、ご飯にのせる、うどんにかける

青じそで

No.455 青じそ味噌

さわやかな香りが広がる

冷蔵3日

作りやすい分量

1 フライパンにごま油大1を熱し、青じそ20枚(細切り、またはちぎる)をサッと炒める。

2 しんなりしてきたらみりん・味噌各大2、砂糖大½を加え、汁気がなくなるまでからめる。好みで白ごまをふる。

〈おすすめの使い方〉ご飯にのせる、焼きおにぎりに塗る、きゅうりなど野菜をディップ

No.456 さっぱり玉ねぎだれ

作りやすい分量

1 容器に玉ねぎ1個(みじん切り)を入れ、ラップをして2分チン。
2 ごま油・醤油・酢各大3、鶏ガラの素・砂糖各大1、ラー油・おろしにんにく各大½を加えて混ぜる。

〈おすすめの使い方〉サラダ(トマト)、から揚げや炒めた鶏肉、豚しゃぶにかける

中華風の
甘酸っぱい味わい
冷蔵
3日

No.457 すりおろし玉ねぎだれ

作りやすい分量

1 容器に玉ねぎ1個(すりおろす)を入れ、ラップをして2分チン。
2 醤油大5、オリーブ油・酢各大3、砂糖大1を加えて混ぜる。

〈おすすめの使い方〉ハンバーグやつくね、ステーキやポークソテーのソースに

オリーブ油で
まろやかに
冷蔵
3日

No.458 和風大根おろしだれ

作りやすい分量

1 容器に醤油大5、みりん・酢各大3、砂糖大1、おろしにんにく・おろししょうが各小1を入れて混ぜ、ラップなしで2分チン。
＊アルコール分が残っている場合は追加で数秒チン。
2 1に大根½本(すりおろして軽く汁気をきる)を加えて混ぜる。

〈おすすめの使い方〉焼いた魚、つくねやハンバーグ、蒸し鶏、から揚げにかける

ご飯にも合う
さっぱり味
冷蔵
3日

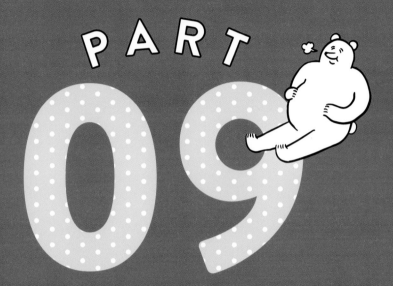

PART

09

栄養もたっぷり!

きのこ・大豆製品・海藻おかず

きのこ、豆腐などの大豆製品、ひじきやわかめは、
食物繊維やタンパク質、鉄分など、栄養も豊富です。
多めに作ってストックすれば、毎日の食事に取り入れやすい。

No.459
しめじのしぐれ煮

作りやすい分量（約3食分）

A 醤油大3、酒・みりん・砂糖各大½、おろししょうが大½

容器にしめじ2パック200g（ほぐす）とAを入れて混ぜ、ラップをして4分チンし、混ぜる。

POINT!
調味料は先に混ぜておいてから加えるとスムーズ。好みで白ごまを。

No.460
しめじのバターケチャップ炒め

作りやすい分量（約3食分）

1. バター10gを溶かしたフライパンでしめじ2パック200g（ほぐす）を炒める。
2. ケチャップ大2、顆粒コンソメ大½、おろしにんにく小½を加えてサッと炒める。

POINT!
しめじがしんなりしたら調味料を加えて。ドライパセリをふっても。

No.461
しめじの中華風

作りやすい分量（約3食分）

1. 容器にしめじ2パック200g（ほぐす）、ごま油大3、鶏ガラの素大1½、おろしにんにく小1を入れて混ぜる。
2. ラップをして4分チン。

POINT!
軽くあえてからチンすると味がなじみやすい。

やる気TIPS
きのこは冷凍すると繊維が壊れてうまみが出やすい。食べやすい状態にして冷凍室へ。

No.462 エリンギのバター醤油焼き

作りやすい分量（約3食分）

1. バター10gを溶かしたフライパンでエリンギ2パック200g（1.5cm幅の輪切り）を炒める。
2. 醤油大2、おろしにんにく小½を加え、軽く煮詰める。

POINT! 輪切りにして繊維を断つと貝柱のような食感になる。好みで黒こしょうを。

No.463 エリンギのピリ辛だれあえ

作りやすい分量（約3食分）

A 醤油・酢・ごま油各大2、砂糖大1、ラー油大½

1. 容器にエリンギ2パック200g（薄切り）を入れ、ラップをして4分チン。
2. 軽く汁気をきり、**A**を加えて混ぜる。

POINT! エリンギのうまみが出ているので汁気は軽くきればOK。好みで白ごまを。

No.464 エリンギののり塩炒め

作りやすい分量（約3食分）

1. 油大1を熱したフライパンでエリンギ2パック200g（薄切り）を炒める。
2. 青のり大½、塩少々を加えて混ぜる。

POINT! エリンギに火が通ったら、青のりと塩をからめて。

No.465

えのきのなめたけ風

作りやすい分量（約3食分）

1 容器にえのき２株(食べやすく切る)を入れ、ラップをして５分チン。

2 軽く汁気をきり、麺つゆ大４、酢・砂糖各大½を加えてあえる。

POINT! えのきを切るときは調理バサミが便利。

No.466

えのきのバターポン酢炒め風

作りやすい分量（約3食分）

1 容器にえのき２株(ほぐす)、バター20gを入れ、ラップをして５分チン。

2 ポン酢適量を回しかける。

POINT! えのきは大きめにほぐすと、間に味が入ってよりジューシーに。好みで刻みねぎを。

No.467

えのきのチーズガレット風

作りやすい分量（約3食分）

1 袋にえのき２株(細かく切る)、ピザ用チーズ200g、片栗粉・水各大２を入れ、もみ混ぜる。

2 油適量を熱したフライパンに１を一口大に広げ、両面を焼いて塩・こしょう各適量をふる。

POINT! １個分ずつ手でぎゅっと握るとまとまる。両面に焼き色をつけて。

やる気TIPS

ご飯が炊けたら、なるべく早めに粒をつぶさないようしゃもじでふんわり混ぜて。

No.468 しいたけの甘辛い煮もの風

作りやすい分量（約3食分）

A｜醤油大５、酒・みりん・水各大３、砂糖大２

容器にしいたけ18個(軸を切る)とAを入れてなじませ、ラップをして６分チン。

POINT!
軸は調理バサミで切るとラク。調味料は混ぜておくとスムーズ。好みでかつお節を。

No.469 しいたけ味噌マヨ炒め

作りやすい分量（約3食分）

1. **フライパンにしいたけ18個(軸を除いて食べやすく切る)、マヨ大３を入れて炒める。**
2. **味噌・おろしにんにく各小１を加えて炒める。**

POINT!
マヨの油分で炒めるので油は不要。好みで一味唐辛子をふって。

No.470 しいたけの肉詰め

作りやすい分量（約3食分）

1. **しいたけ12個(軸を切る)に豚ひき肉250gを詰め、片栗粉大１をまぶす。**
2. **容器に並べ、混ぜ合わせた醤油・みりん各大４、砂糖大２を回しかけ、ラップをして６分チン。**

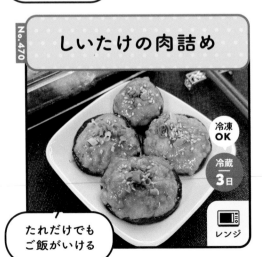

POINT!
片栗粉をまぶすと肉だねがはがれにくくなり、味もなじむ。好みで刻みねぎや白ごまを。

No.471 まいたけのペペロンチーノ風

作りやすい分量（約3食分）

容器にまいたけ2パック200g（ほぐす）、オリーブ油大3、顆粒コンソメ大1、おろしにんにく大½、赤唐辛子適量（小口切り）を入れて混ぜ、ラップをして4分チン。

POINT!
まいたけに調味料をからませてから加熱して。

No.472 まいたけのクリーム煮風

作りやすい分量（約3食分）

1 容器にまいたけ4パック400g（ほぐす）、オリーブ油・顆粒コンソメ各大2を入れて混ぜる。

2 ラップをして5分チン。牛乳600㎖を加え、再び1分チン。

POINT!
牛乳は噴きこぼれるので時間差で加えて。好みで黒こしょうを。

No.473 まいたけのマヨポン酢炒め

作りやすい分量（約3食分）

1 フライパンにまいたけ2パック200g（ほぐす）、マヨ大2を入れて炒める。

2 ポン酢大2を回しかける。

POINT!
マヨを油兼調味料として使用。刻みねぎをかけても。

やる気TIPS
調理を開始する前に、大体の段取りを頭にイメージしておくとスムーズです。

No.474 照り焼き厚揚げ

作りやすい分量（約3食分）

1 袋に厚揚げ2パック500g(食べやすく切る)と片栗粉小1を入れてふり、全体にまぶす。

2 容器に入れ、醤油・みりん各大3、砂糖大2を加えて混ぜ、4分チン。

POINT! チンした後もよく混ぜて。好みで刻みねぎや白ごまを。

No.475 厚揚げチーズグラタン

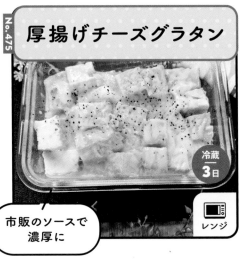

作りやすい分量（約3食分）

1 容器に厚揚げ2パック500g(食べやすく切る)を並べ、パスタ用カルボナーラソース(市販)1人分130g、ピザ用チーズ30gを順に回しかける。

2 ラップをして4分チン。

POINT! ソースとチーズは全体にかけて。トースターで焼き目をつけても美味。好みで黒こしょうを。

No.476 厚揚げの塩から揚げ

作りやすい分量（約3食分）

1 袋に厚揚げ2パック500g(食べやすく切る)、片栗粉大2、塩小½を入れてふり、全体にまぶす。

2 油適量(2㎜深さ)を熱したフライパンで揚げ焼きにする。

POINT! 火加減は弱火と中火の間でカリッとするまで両面を焼いて。

No.477

厚揚げで鶏南蛮風

冷蔵 3日

フライパン

ご飯もお酒も
すすむ

作りやすい分量(約3食分)

1 袋に厚揚げ2パック500g(食べやすく切る)、片栗粉大2を入れてふり、全体にまぶす。

2 油適量(2㎜深さ)を熱したフライパンで揚げ焼きにし、酢・醤油・みりん各大2、砂糖大1を加えて軽く煮詰める。

POINT!

厚揚げは手でちぎると味がしみやすい。市販のタルタルソースを添えるのがおすすめ。好みで黒こしょうをふっても。

No.478

厚揚げでえびチリ風

冷蔵 3日

フライパン

ヘルシーで
大満足

作りやすい分量(約3食分)

1 袋に厚揚げ2パック500g(食べやすく切る)、片栗粉大2を入れてふり、全体にまぶす。

2 油適量(2㎜深さ)を熱したフライパンで揚げ焼きにし、ケチャップ・酢・砂糖各大2、ラー油適量を加えて軽く煮詰める。

POINT!

調味料を加える前にカリッと焼いて。厚揚げは手でちぎってもOK。

やる気TIPS

料理中は時間をはかることも多いので、キッチンタイマーを持っておくと◎。

No.479 木綿豆腐で照りマヨステーキ

作りやすい分量（約3食分）

1 木綿豆腐2丁700gは1丁ずつペーパーで包み、3分チンして水気をふく。

2 4等分に切り、片栗粉大4をまぶす。

3 油大2を熱したフライパンで2を両面カリッと焼き、醤油・みりん・酒各大2、砂糖大1を加えて軽く煮詰め、食べるときにマヨ適量をかける。

POINT! 調味料は合わせておくと味が均一になる。好みで刻みねぎを。

No.480 豆腐と卵のチャンプルー

作りやすい分量（約3食分）

1 ごま油大2を熱したフライパンで木綿豆腐300g（食べやすくちぎる）を炒める。

2 溶き卵3個分、鶏ガラの素大1を加えて炒め合わせる。

POINT! 炒めて水分をとばすので豆腐の水きりは不要。好みで刻みねぎを。

No.481 豆腐と鶏ひき肉でミニハンバーグ

作りやすい分量（約3食分）

1 袋に木綿豆腐300g、鶏ひき肉300g、片栗粉大4を入れてもみ混ぜ、一口大に成形して容器に並べる。

2 醤油・みりん各大3、砂糖大1を加えてなじませ、ラップをして5分チン。返して再び5分チン。食べるときに、ポン酢適量をかける。

POINT! 一口大にするとお弁当にも便利。重ならないように耐熱皿で作るのがおすすめ。好みで刻みねぎを。

No.482 油揚げで肉巾着

作りやすい分量（約3食分）

A 醤油・酒・みりん・水各大3、おろししょうが大1

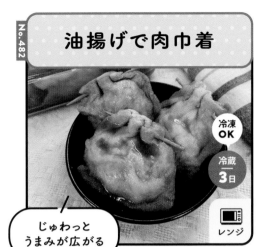

1. **油揚げ6枚**(横半分に切る)の中に**豚ひき肉350g**を12等分にして詰め、爪楊枝で口を閉じる。
2. 容器に1と**A**を入れてからめ、ラップをして8分チン。

POINT!
底の部分が調味液に浸るように並べて。

No.483 油揚げのポテサラ包み

作りやすい分量（約3食分）

1. **油揚げ4枚**(横半分に切る)の中に**ポテトサラダ(市販)320g**、**ピザ用チーズ40g**を詰め、爪楊枝で口を閉じる。
2. **油適量**を熱したフライパンでこんがりと焼く。

POINT!
火加減は弱火と中火の間で焼き色がつくまで焼く。好みでドライパセリを。

No.484 がんもどきの煮つけ風

作りやすい分量（約3食分）

容器に**がんもどき大4個**(食べやすく切る)、**麺つゆ100mℓ**、**みりん大2**、**おろししょうが大1**を入れて混ぜ、ラップをして4分チン。

POINT!
がんもどきの油は風味とコクになるので油抜きは不要。

やる気TIPS

豆腐は、料理によっては手でちぎるのもあり。より味がしみやすくなります。

No.485

ひじきの炊いたやつ

作りやすい分量(約3食分)

1 容器に乾燥ひじき20g、水500mℓを入れ、ラップをして3分チン。5分おいて水気をきる。

2 麺つゆ大8、ごま油大2、油揚げ1枚(刻む)を加え、ラップをして2分チン。

POINT!

5分おいて蒸らすことでふっくら仕上がる。白ごまをふっても。

No.486

ひじきのサラダ

作りやすい分量(約3食分)

1 容器に乾燥ひじき20g、水500mℓを入れ、ラップをして3分チン。5分おいて水気をきる。

2 ツナ缶2個140g(油をきる)、マヨ大3、醤油大1、練りわさび小1を加えてあえる。

POINT!

あらかじめ調味料を合わせておくと味にムラが出ない。好みで白ごまをかけて。

No.487

わかめとメンマのピリ辛ナムル

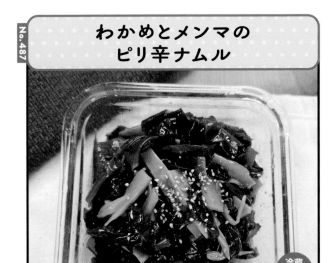

作りやすい分量（約3食分）

1 容器に乾燥わかめ20g、水500mℓを入れ、ラップをして3分チン。

2 水気をきり、味つけメンマ180g、ごま油大3、鶏ガラの素・ラー油各大1を加えて混ぜる。

POINT!

わかめは大きければ調理バサミでカットして。好みで白ごまを。

No.488

わかめとツナのユッケ風サラダ

作りやすい分量（約3食分）

1 容器に乾燥わかめ20g、水500mℓを入れ、ラップをして3分チン。

2 水気をきり、ツナ缶2個140g(油をきる)、焼き肉のたれ大5、ごま油・醤油各大1、おろしにんにく小1を混ぜる。

POINT!

水っぽくならないようにわかめの水気はしっかりきる。白ごまをふっても。

やる気TIPS

だし汁と醤油の役割を果たしてくれるのが麺つゆ。これ1つで味が決まります。

column 4

冷凍できる！ ご飯 & 麺

ご飯

No.489 おかかとわかめの混ぜ込みご飯

レンジ
冷凍OK
かつお節の風味ただよう

作りやすい分量（3食分）

1 容器に乾燥わかめ10g、水500mℓを入れ、ラップをして2分チンし、水気をきる。

2 ご飯2合に1、かつお節5g、ごま油大3、鶏ガラの素大1を混ぜ込む。

POINT! 乾燥わかめはチンで戻すと時短に。仕上げに白ごまをふっても。

No.490 ツナと塩昆布の混ぜ込みご飯

冷凍OK
塩昆布×マヨで最強！

作りやすい分量（3食分）

ご飯2合にツナ缶2個140g(油をきる)、塩昆布・マヨ各大3、醤油・ごま油各大1を混ぜ込む。

POINT! 具や調味料が全体に行き渡るまでよく混ぜて。好みで白ごまを。

No.491 キムチーズ混ぜ込みご飯

冷凍OK
ごま油で香ばしさUP

作りやすい分量（3食分）

ご飯2合にキムチ100g、ピザ用チーズ30g、ごま油大2、鶏ガラの素大1を混ぜ込む。

POINT! ご飯の熱でチーズが溶けるまで混ぜて。食べるときに白ごまをどうぞ。

混ぜご飯、チャーハン、パスタ、焼きそば……
パパッと済ませたいときの助けになるご飯ものと麺類をご紹介。
冷蔵保存は傷みやすいので、当日食べきれない分は冷凍がおすすめ。

No.492 しめじと鮭フレークで炊き込みご飯

作りやすい分量（3食分）

1 炊飯釜に白米2合（洗って水気をきる）、水2合分、醤油大5、おろしにんにく小1を入れて混ぜる。
2 しめじ1パック100g（ほぐす）、鮭フレーク（市販）50g、バター30gを加えて通常炊飯。

POINT! 調味料を混ぜてから具材をのせて。好みで刻みねぎや白ごまを。

炊飯器
冷凍OK
市販のフレークで手間いらず

No.493 むね肉丸ごと炊き込みご飯

作りやすい分量（3食分）

1 炊飯釜に白米2合（洗って水気をきる）、水2合分、醤油・ごま油各大2、鶏ガラの素大1、おろしにんにく小1を入れて混ぜる。
2 中央に鶏むね肉1枚350gをのせて通常炊飯。炊き上がったら鶏肉をほぐして混ぜる。

POINT! 鶏肉は皮を除くとヘルシーに。好みで刻みねぎや黒こしょうを。

炊飯器
冷凍OK
鶏肉でボリューム満点！

No.494 レンジでチャーハン

作りやすい分量（3食分）

1 耐熱ボウルにソーセージ6本（1㎝幅に切る）、溶き卵3個分、刻みねぎ大3、鶏ガラの素・ごま油各大1、醤油小1を入れて混ぜる。
2 1にご飯2合を加え、混ぜずにラップをして7分チンし、全体を混ぜ合わせる。

POINT! 加熱後、卵がかたまってからご飯と混ぜる。好みで塩こしょうをふっても。

レンジ
冷凍OK
炒めないからラクチン！

麺

No.495 ド定番のナポリタン

鍋
冷凍OK
ゆでながら調味するから手軽！

作りやすい分量（3食分）

鍋にパスタ（7分ゆで）300g、水900mℓ、ソーセージ6本（斜め切り）、ケチャップ・顆粒コンソメ・マヨ各大3を入れて火にかけ、水分がなくなるまで15〜16分ゆでる。

POINT! 小分けにして保存するとお弁当にも◎。好みでドライパセリや粉チーズを。

No.496 ペペロンチーノ

鍋
冷凍OK
にんにくとベーコンのうまみが鍵！

作りやすい分量（3食分）

鍋にパスタ（7分ゆで）300g、水900mℓ、ベーコン90g（短冊切り）、オリーブ油・顆粒コンソメ各大3、おろしにんにく大1を入れて火にかけ、水分がなくなるまで15〜16分ゆでる。

POINT! 芯が残る場合は湯を足して加熱時間を調整。赤唐辛子やドライパセリを加えても。

No.497 マヨネーズのサラダパスタ

鍋
冷凍OK
揚げものやお弁当のおともに！

作りやすい分量（3食分）

1 鍋でパスタ（7分ゆで）150gを規定時間ゆで、ざるに上げて湯をきる。
2 1にツナ缶1個70g（油をきる）、マヨ大2、酢・オリーブ油各小1、塩こしょう小½をあえる。

POINT! 副菜にどうぞ。好みで黒こしょうを。

No.498 カレールウでスパイシーマカロニ

作りやすい分量（3食分）

1 鍋でマカロニ（8分ゆで）100gを規定時間ゆで、ざるに上げて湯をきる。
2 容器に湯大6とカレールウ2片を入れ、ラップをして30秒チンし、溶かす。
3 **1**、**2**、マヨ大2をあえる。

POINT! おかずに添えて、ちょっとした副菜に。ドライパセリをふってもgood。

鍋
レンジ
冷凍OK
マヨでやみつき感UP!

No.499 レンチン塩焼きそば

作りやすい分量（3食分）

容器に焼きそば麺3玉、ソーセージ6本（斜め切り）、キャベツ150g（一口大にちぎる）、酒・ごま油各大3、鶏ガラの素大1½、おろしにんにく小1を入れ、ラップをして6分チン。よく混ぜる。

POINT! 加熱後に麺をほぐしながら全体をよく混ぜて。好みで黒こしょうを。

レンジ
冷凍OK
ソーセージのうまみもポイント

No.500 レンジで焼きうどん風

作りやすい分量（3食分）

容器にゆでうどん3玉、豚こま肉150g、キャベツ150g（一口大にちぎる）、麺つゆ・ソース・ごま油各大3を入れ、ラップをして10分チン。よく混ぜる。

POINT! 食べるときにかつお節と青のりをふればグレードアップ。

レンジ
冷凍OK
1回の加熱ですぐできる

まるみキッチン

「誰でも簡単につくれる」をモットーにした料理をSNSに投稿する料理家。身近な材料で手間を省いた、アイデアに富む実用的なレシピは若い世代からファミリー層まで支持されている。初書籍『やる気1%ごはん　テキトーでも美味しくつくれる悶絶レシピ500』が第10回「料理レシピ本大賞」大賞受賞。

X（旧:Twitter）& Instagram & TikTok
@marumi_kitchen

YouTube
まるみキッチン【簡単レシピ】

弁当にも使える やる気1%ごはん作りおき ソッコー常備菜500

2024年1月29日　初版発行
2024年7月30日　4版発行

著者　まるみキッチン
発行者　山下 直久
発行　株式会社KADOKAWA
〒102-8177　東京都千代田区富士見2-13-3
電話0570-002-301（ナビダイヤル）
印刷所　TOPPANクロレ株式会社
製本所　TOPPANクロレ株式会社

●お問い合わせ
https://www.kadokawa.co.jp/（「お問い合わせ」へお進みください）
※内容によっては、お答えできない場合があります。
※サポートは日本国内のみとさせていただきます。
※Japanese text only

定価はカバーに表示してあります。

ISBN978-4-04-682827-9　C0077